德博诺
创新思考
经典系列
Edward de Bono

How to Have a Beautiful Mind

优美思考的能力

[英] 爱德华·德博诺 著

张凌 译

中国科学技术出版社
·北 京·

Copyright © The McQuaig Group Inc., 2004
First published as HOW TO HAVE A BEAUTIFUL MIND in 2004 by Vermilion, an imprint of Ebury Publishing. Ebury Publishing is part of the Penguin Random House Group of companies
北京市版权局著作权合同登记　图字：01-2022-3058

图书在版编目（CIP）数据

优美思考的能力 /（英）爱德华·德博诺 /（Edward de Bono）著；张凌译 . —— 北京：中国科学技术出版社，2023.8
书名原文：How to Have a Beautiful Mind
ISBN 978-7-5046-9979-4

Ⅰ . ①优… Ⅱ . ①爱… ②张… Ⅲ . ①人际关系学—通俗读物 Ⅳ . ① C912.11-49

中国国家版本馆 CIP 数据核字（2023）第 038109 号

策划编辑	申永刚　方　理　褚福祎	责任编辑	褚福祎
封面设计	今亮新声	版式设计	蚂蚁设计
责任校对	张晓莉	责任印制	李晓霖

出　　版	中国科学技术出版社
发　　行	中国科学技术出版社有限公司发行部
地　　址	北京市海淀区中关村南大街 16 号
邮　　编	100081
发行电话	010-62173865
传　　真	010-62173081
网　　址	http://www.cspbooks.com.cn

开　　本	787mm×1092mm　1/32
字　　数	129 千字
印　　张	8.25
版　　次	2023 年 8 月第 1 版
印　　次	2023 年 8 月第 1 次印刷
印　　刷	河北鹏润印刷有限公司
书　　号	ISBN 978-7-5046-9979-4/C·227
定　　价	68.00 元

（凡购买本社图书，如有缺页、倒页、脱页者，本社发行部负责调换）

Dear Chinese Readers,

These books are practical guides on how to think.

My father said "you cannot dig a hole in a different place by digging the same hole deeper". We have learned to dig holes using logic and analysis. This is necessary but not sufficient. We also need to design new approaches, to develop skills in recognizing and changing how we look at the situation. Choosing where to dig the hole.

I hope these books inspire you to have many new and successful ideas.

Caspar de Bono

亲爱的中国读者们，

这套书是关于如何思考的实用指南。

我父亲曾说过："将同一个洞挖得再深，也无法挖出新洞。"我们都知道用逻辑和分析来挖洞，这很必要，但并不够。我们还需要设计新的方法，培养自己的技能，来更好地了解和改变我们看待事物的方式，即选择在哪里挖洞。

希望这套书能激发您产生许多有效的新想法。

卡斯帕·德博诺

德博诺全球总裁，爱德华·德博诺之子

荣誉推荐

德博诺用最清晰的方式描述了人们为何思考以及如何思考。

——伊瓦尔·贾埃弗（Ivar Giaever）
1973 年诺贝尔物理学奖获得者

非逻辑思考是我们的教育体制最不鼓励和认可的思考模式，我们的文化也对以非逻辑方式进行的思考持怀疑态度。而德博诺博士则非常深刻地揭示出传统体制过分依赖于逻辑思考而导致的错误。

——布莱恩·约瑟夫森（Brian Josephson）
1973 年诺贝尔物理学奖获得者

德博诺的创新思考法广受学生与教授们的欢迎，这套思考工具确实能使人更具创造力与原创力。我亲眼见证了它在诺贝尔奖得主研讨会的僵局中发挥作用。

——谢尔登·李·格拉肖（Sheldon Lee Glashow）

1979年诺贝尔物理学奖获得者

没有比参加德博诺研讨会更好的事情了。

——汤姆·彼得斯（Tom Peters）

著名管理大师

我是德博诺的崇拜者。在信息经济时代，唯有依靠自己的创意才能生存。水平思考就是一种有效的创意工具。

——约翰·斯卡利（John Sculley）

苹果电脑公司前首席执行官

德博诺博士的课程能够迅速愉快地提高人们的思考技巧。你会发现可以把这些技巧应用到各种不同的事情上。

——保罗·麦克瑞（Paul MacCready）

沃曼航空公司创始人

德博诺的工作也许是当今世界上最有意义的事情。

——乔治·盖洛普（George Gallup）

美国数学家，抽样调查方法创始人

在协调来自不同团体、背景各异的人方面，德博诺提供了快速解决问题的工具。

——IBM 公司

德博诺的理论使我们将注意力集中于激发员工的创造力，可以提高服务质量，更好地理解客户的所思所想。

——英国航空公司

德博诺的思考方法适用于各种类型的思考，它能使各种想法产生碰撞并很好地协调起来。

——联邦快递公司

水平思考就是可以在 5 分钟内让你有所突破，特别适合解决疑难问题！

——拜耳公司

创新并不是少数人的专利。实际上,每个人的思想中都埋藏着创新的种子,平时静静地沉睡着。一旦出现了适当的工具和引导,创新的种子便会生根发芽,破土而出,开出绚烂的花。

——默沙东(MSD)公司

水平思考在拓宽思路和获得创新上有很大的作用,这些创新不仅能运用在为客户服务方面,还对公司内部管理有借鉴意义。

——固铂轮胎公司

(德博诺的课程让我们)习得如何提升思维的质量,增加思考的广度和深度,提升团队共创的质量与效率。

——德勤公司

水平思考的工具,可以随时应用在工作和生活的各个场景中,让我们更好地发散思维,收获创新,从内容中聚焦重点。

——麦当劳公司

创造性思维真的可以做到在毫不相干的事物之间建立神奇的联系。通过学习技巧和方法，我们了解了如何在工作中应用创造性思维。

——可口可乐公司

（德博诺的课程）改变了个人传统的思维模式，使思考更清晰化、有序化、高效化，使自己创意更多，意识到没有什么是不可能的，更积极地面对工作及生活。

——蓝月亮公司

（德博诺的课程）改变了我们的思维方法，创造了全新的思考方法，有助于解决生活及工作中的实际问题，提高创造力。

——阿克苏诺贝尔中国公司

（德博诺的课程让我们）学会思考，可以改变自己的思维方式。我们掌握了工具方法，知道了应用场景，有意识地使用思考序列，可以有意识地觉察。

——阿里巴巴公司

解决工作中的问题,特别是一些看上去无解的问题时,可以具体使用水平思考技能。

——强生中国公司

根据不同的创新难题,我们可以选择用多种水平思考工具组合,发散思维想出更多有创意的办法。

——微软中国公司

总序

改变未来的思考工具

面对高速发展的人工智能时代，人们难免对未来感到迷茫和无所适从。如何才能在激烈的市场竞争中脱颖而出，成为行业的佼佼者？唯有提升自己的创造力、思考能力和解决问题的底层思维能力。

而今，我们向您推荐这套卓越的思考工具——爱德华·德博诺博士领先开发的思维理论。自 1967 年在英国剑桥大学提出以来，它已被全球的学校、企业团队、政府机构等广泛应用，并取得了巨大的成就。

在过去的半个世纪里，德博诺博士全心全意努力改善人类的思考质量——为广大企业团队和个人创造价值。

德博诺思考工具和方法的特点，在于它的根本、实用和创新。它不仅能提高工作效率，还能帮助我们找到思维的突破点，发现问题，分析问题，创造性地解决问题，进而在不断变化的时代中掌握先发优势，超越竞争，创造更多价值。

正是由于这套思考工具的卓越表现，德博诺思维训练机构在全球范围内备受企业高管青睐，特别是在世界500强企业中广受好评。

自2003年我们在中国成立公司以来，在培训企业团队、领导者的思维能力上，我们一直秉承着德博诺博士的理念，并通过20年的磨炼，培养和认证了一批优秀的思维训练讲师和资深顾问，专门服务于中国企业。

我们提供改变未来的思考工具。让我们一起应用智慧的力量思考未来，探索未来，设计未来，创造未来和改变未来。

赵如意

德博诺（中国）创始人 & 总裁

目录

引言　拥有美丽的心灵，说出你的美　　　　001

第一部分

第1章　如何表示同意　　　　007

第2章　如何表示反对　　　　017

第3章　如何表达分歧　　　　032

第4章　如何做个有趣的人　　　　045

第5章　如何回应　　　　058

第6章　如何聆听　　　　072

第7章　如何提问　　　　084

第二部分

第8章　平行思考和六顶思考帽　　　　099

第9章　概念　　　　119

第10章　替代选择　　　　134

| 第11章 | 情绪和感受 | 149 |
| 第12章 | 价值标准 | 162 |

第三部分

第13章	偏离主题	177
第14章	信息和知识	187
第15章	看法	196
第16章	打断发言	208
第17章	态度	219
第18章	对话的主题	230
第19章	对话俱乐部	240
第20章	总结	246

引言
拥有美丽的心灵，说出你的美

鸡尾酒会上有位漂亮的女士，皮肤无瑕，衣着优雅，身材堪称完美。可令人没想到的是，她似乎一直形单影只。人们往往上前与她交谈几句之后，就很快走开了。

鸡尾酒会上还有位个头矮小，相貌平平，有些谢顶的男人，但他总是被人们围住，和大家热烈地交谈着。

这是怎么回事？

让外表更美有很多种办法，可以去健身房锻炼，可以做美容手术，可以通过化妆品让你的脸蛋更漂亮，还可以去植发。

但心灵呢？你是否会为拥有美丽的心灵而付出努力？外表再美，心灵干枯，你也还是会让人感到无聊。你可能会得到关注，但无法让人们持久关注你。

在鸡尾酒会上，那位美女的心灵无趣，而那位相貌平平的男人却恰恰相反。这就是后者比前者更受关注的原因。

那么怎样才能让心灵更加美丽呢？

面容和身材是与生俱来的，让外表更美，可以做出的努力有限。但想要让心灵更美，可做的事情就要多得多。这正是本书的主题，本书就是要告诉读者如何让心灵更美丽，如何运用沟通技巧，说出你的美。

如果你天生丽质，却搭配了一个沉闷的心灵，那简直就是悲剧。这就像买了一辆豪华汽车，却不往油箱里加油一样。

如果你不是天生丽质，增强自己吸引力的一个方法就是培养美丽的心灵。随着年龄的增长，外在的美会逐渐逝去，但是心灵的美与年龄无关，而且还可以随智慧和经验的累积，让你美上加美。

许多人花费大量时间、精力和金钱来提升自己的外在美，而付出时间和精力让心灵更加美丽才更有意义。

什么是美？美可以被欣赏。本书所描述的美丽心灵拥有的美是可以被他人欣赏到的美。这不是独自坐在角落里解决复杂谜题的美，而是可以通过语言表达出来，并被他人欣赏的美。

心灵之美能体现在对话之中。这就是这本书要讲的内容，心灵之美应该被说出来，就像人们可以看到外在美一样,他们也可以听到心灵的美。想让心灵更美是可以做到的,关键在于运用美的思维和沟通方式,这与是否天生睿智或知识渊博无关。本书要讲的正是如何运用美的思维和沟通方式,让你说出你的美。

爱德华·德博诺

第一部分

优美思考的能力

EDWARD DE BONO

第 1 章
如何表示同意

要说出你的美，在与人交谈时，就必须真诚地寻求你认同的观点。令人惊讶的是，这一点却很难做到，它难就难在认同必须发自内心，而不是为了阿谀奉承，假装认同；难就难在这样做有违大多数人的第一反应。我们可以看一下表示认同的极端表现：

你说得太对了……
你说的我都同意……
我完全赞同你的看法……
绝对正确……
我百分之百同意……

如果完全认同，那就没有展开真正的讨论，没有深入对话，也没有交流看法。对方基本就是在演讲，你认为这听起来不错，但你在交流中没做什么贡献。

表达反对的极端表现是这样的:

我明白,但是……
我完全不同意……
你错了……
事实并非如此……

常说这些话的人,不管别人说什么都要反对,争强好胜,想通过提出异议来证明自己的优越性。

有些人经常会这样,因为他们一直受到鼓励去为了辩论而辩论。这种类型的人非常惹人烦,绝对算不上拥有美丽的心灵。

你的表现需要介于这两种极端表现之间。不必认同一切,也不必反对一切。

>>> "必须正确"

这与"自我"紧密相关。争论是两个"自我"之间的较量。如果表示认同,你似乎就臣服于对方的观点,你就输了。表示反对时,你就是在坚持自我,表明你可能更胜一筹。无论学校还是媒体，乃至整个社会，都强调辩论的重要性，所有这些都强化了对输赢的态度。现在大多数人都开始认为这种做法非常愚蠢。

如果你坚持要赢得每一场辩论，那么，最终你的看法和辩论之初没什么不同，只不过是炫耀了一把自己的辩论能力。而在输掉一场辩论的时候，你很可能会收获新观点。始终正确并不是世界上最重要的事情，而且肯定也不是很美好的事情。

> 真正的讨论应该是双方尝试真诚地探讨问题，而不是两个"自我"之间相互竞争，相互较量。

>>> 逻辑泡泡

我创造了"逻辑泡泡"一词。如果有人做了你不喜欢或不认同的事，你很容易就会给那个人贴上"愚蠢""无知"或"恶毒"的标签。但那个人可能是处在他的逻辑泡泡中，行事自有他的逻辑。这个逻辑泡泡由那个人的感知、价值观、需求和经验构成。如果你努力透过那个逻辑泡泡往里看,看看那个人的出发点,你通常就能明白那个人立场背后的逻辑。

在我创立的柯尔特(CoRT)课程中,有一些工具可以帮人拓宽眼界,让思考者在更全面地了解情况之后,采取相应行动。其中一种工具是OPV(其他人的观点),它鼓励思考者"换位思考"。在很多案例中,学习了这种方法的辩论双方一旦决定对彼此使用OPV工具,一场激烈的辩论就会戛然而止,这与理解对方的逻辑泡泡非常相似。

≫ 特殊情况

这是将分歧转化为共识的要点之一。

有人说了一句让你马上就反对的话,例如"女人比男人更相信趣味心理测试"。

你的第一反应是并非如此。女性即使不相信趣味心理测试,也可能更会觉得趣味心理测试挺好玩。有些女性生活乏味,可能就会盼着来点新鲜事。一些女性很难完全掌控自己的生活,趣味心理测试往往就会给予暗示。

在另一场对话中,有人提出"相亲说媒"是件好事。

你的第一反应是不赞同，因为你相信浪漫的爱情和自由恋爱。然后你想一想有些什么特殊情况。比如在偏远的地方，单身人士可能很少有机会能遇到合适的伴侣，亲戚和媒人大概更有可能帮忙找到潜在伴侣。

一位女性高管曾在哥伦比亚大学和耶鲁大学接受教育，她对我说："在西方，两个人先因爱而在一起，经历日落时分一同听小提琴演奏等各种浪漫场景，之后就一路下坡。而我和我丈夫开始互不了解，但婚后我们会努力经营，让婚姻关系更加牢固。我们必须得做出努力。"

另一种特殊情况可能是在双方成长的文化中，相亲是理所当然的。不过可能有必要明确区分"相亲"的婚姻和"强迫"的婚姻。

在实际对话中，需要努力发现某些特殊情况，在这些情况下"这样说确实有一定道理"，这样就可以表示赞同，但仅限于这些特殊情况。

>>> 特殊价值标准

这种情况下你所表达的是："如果我也有这样的价值标准，我就会同意你的说法。"

这个过程与寻找特殊情况类似。在这里你找的不是特殊情况，而是能让你认同的特殊价值标准，例如"说谎是绝对不能被接受的，这是一个道德原则问题"。

对此你可能同意或反对。顺带提一句，历代哲学家在这一点上都存在分歧。有人认为任何情况下说谎都是错的，其他人则认为可以"为了更大的利益"而说谎。哲学家会用以下这种传统的夸张说法来说明这个问题："假设一个凶手正在追杀一个潜在受害者，并问你这个受害者往哪条路跑了，你该不该如实相告呢？"

在这里我们看到了一组相互冲突的价值标准：道德原则、实用主义和生命价值观。

你可以摆出不同的价值标准，并表明哪些是你所认同的，这样你仍然可以发表你的看法。

>>> 特殊经历

在有特殊经历的情况下辩论总是很难的。一个有多年帮助受虐女性经验的人可能会认为，受虐女性经常会回到施虐者身边的原因是受虐女性的自尊心太低，她离不开这种病态关系。

作为听者,你可能会觉得受虐女性之所以会这样是因为无处可去。

你可以同意,在某些情况下,"缺乏自尊"可能是原因之一,但并非在所有情况下都是如此。

>> 笼统概括

笼统的概括通常很难获得赞同。可惜,逻辑习惯会让我们陷入定式思维:所有鳄鱼都很恶毒;所有的小狗都随地大小便;所有的政客都不可信;男人靠逻辑,女人靠直觉。

最后一种说法正是大多数人会表示反对的那种概括。你可以不同意这样笼统的概括说法,但仍然认为它某些方面有一定道理,例如:"在必要时,女性可以像男性一样运用逻辑思维,但也往往更依赖直觉。"

或者,"男性通常需要团队合作,运用逻辑是说服团队内其他成员同意某项计划的一种方式。女性更多需要自己做决断,可以依靠直觉,因为不需要说服其他人。"

或者,"我同意女性的确会想得更多,考虑更多的因素,而不是仅考虑一点与另一点之间的关系。"

通过这种方式，你可以反对一些笼统的概括说法，但赞同其中的部分。

在现实生活中，"无"和"全部"之间有许多过渡层级，可能是这样的：

无
少许
一些
许多
大多数
绝大多数
总体而言
全部

西方的逻辑系统起源于古希腊，包含什么、排除什么都有明确的界定，但这种逻辑系统无法处理前面提到的从"无"到"全部"的过渡层级。是火都很烫，所以这火会烫着你。沙子不能吃，所以不要吃这些沙子。在科学和技术中，属性是恒定的，这样的逻辑系统完全适用，但人类的事情多有交互和循环，这样的逻辑系统就不完全适用了。曾经被你称为"无知"的人可能会变得和之前大不相同。

教条主义、僵化、偏见和偏执都源于一种盒子式的定式思维。有些东西（永远）在"盒子里"或（永远）在"盒子外"。公平地说，这种看待问题的方式非常有用，所以我们仍然得用。但美丽的心灵不会拘囿于盒子的限制，而是以更灵活的方式探索事物。

小结

（1）在谈话中真诚地寻找自己与对方一致的观点。

（2）如果别人说什么你都赞同，这就表明你对谈话没有贡献。

（3）说什么都反对会令人恼火，而且无聊。

（4）争强好胜一点也不美，有更好的方式来探索主题。

（5）没有必要"永远正确"。在讨论中抛开自我，关注话题本身。

（6）努力理解对方的出发点，探索对方的逻辑泡泡。

（7）看看对方的观点在哪些情况下可能是正确的。

努力找出这些情况,并在这些情况下表示认同。

(8)看看他人的观点是否会因任何特殊价值标准而可能有合理之处。表明在这些价值标准下,你会认同这个观点,但还是有你自己的看法。

(9)认可某人特殊经历的价值,将其视作极有可能影响观点的因素,但不是全部。

(10)拒绝笼统的概括,但看看你是否会认同笼统概括中的某个方面或相关含意。

(11)以发现共同点为乐——即使总体来说存在分歧。

(12)从不同角度看待问题,改变感知,这是可能达成共识的重要一步。

第 2 章
如何表示反对

不知道如何表示反对,就无法说出你的美。这一点很关键。如果没做好,那么即使心思敏捷,心灵也依然不美。

有些人表示反对时态度粗鲁,咄咄逼人。

有些人表示反对是为了与他人一争高下,表明他能赢得辩论。

有些人表示反对是为了自吹自擂。

有些人表示反对时恃强凌弱。

有些人表示反对是为了展示自己的优越性。

有些人表示反对是因为他们受的教育就是要在谈话中反驳对方。

有些人表示反对是因为他们根本不知道探讨问题还有其他方式。

在法院打官司实际上是相当原始的探讨问题的方式。如果公诉人想到了有助于被告的点子,他是否会提出来呢?当然不会!如果辩护律师想到了可能会提高原告胜算的法子,他会说出来吗?当然不会!各方都会证明自己有理,捍卫己方立场,攻击对方的辩词。"唇枪舌剑"一番之后,并不是说就此事进行了彻底的探讨。要更有效地探讨问题,需要使用平行思考(见第8章)。通过使用这种方法,双方可以共同就问题展开探讨。

尽管意见相左可能令人不快,但为了获得真理,为了客观和全面地研究问题,这通常是必要的。

>>> 彬彬有礼更美

你就是蠢。

这是很长时间以来我听到的最蠢的话。

那是错的。

这逻辑太烂了。

我反对你所说的一切。

你到底有多蠢?

这些表达反对的话都很刺耳、粗鲁。选择更好的表达方式可以在沟通不同看法的同时，不对对方造成冒犯：

我不确定我听明白了你的逻辑。
可能有另一种看待问题的方式。
这只是一种观点。
另一种可能性如何？
我想我对你的结论不太确定。
也许是这样，也许不是这样。
我可以想到另一种解释。

不管是温和地表示反对，还是激进地表示反对，道理是一样的。但总体来说，彬彬有礼比咄咄逼人更美。

>>> 逻辑错误

反对一个观点的原因可能有很多。本章列出了其中一些。

美国监狱在押犯的人数占总人口数量的比例大于欧洲各国的，这是否意味着美国人不如欧洲人守法？

统计数据不一定支持这个结论。

可能在美国,警察更擅长抓捕罪犯。
可能在美国,有更多种可被判处监禁的犯罪。
可能在美国,犯人被判的刑期更长。
可能在美国,绝大多数刑事案件都是通过辩诉交易判决的,因此最终入狱的人数更多。

通过寻找这样的替代原因,可以证明在押犯人数多并不一定意味着犯罪率更高。这只是其中一种可能的解释。

有人可能会说:"没有人喜欢矮个子政客,所以不会投票给矮个子的政客。"在所有条件相同的情况下,人们可能确实更喜欢高个子的政客。但不可能所有条件都相同。某个矮个子政客有可能比他的竞争对手拥有更多的从政经验。

一件事可能"似乎"与另一件事有关联,但你可以就是否存在"必然"关联提出反对,挑战这种必然性。如果能提出可能的替代观点,你的反对就会更有力。

>>> 解释

这与前面的逻辑错误的源头有关。如果有人给出了对统计数据的一种解释,人们会感觉这是唯一可能的解释,然而其实还有其他可能。

例如,在瑞典,约 60% 的婴儿是非婚生。在冰岛,这个数字约为 70%。这可能意味着婚姻不受重视,或者道德标准低,或者它代表家庭制度瓦解了。

另一种可能的解释,是双方除非有了孩子,才会结婚,否则双方不会结婚。这个统计数据并未说明孩子出生后,双方最终是否会结婚。

再举一个例子,澳大利亚的统计数据显示,双子座的人比其他星座的人更容易遭遇车祸。

十二星座的人的车祸事故率不太可能完全相同。所以你想知道这个统计在不同时期、不同国家是否都具有意义。

一种可能的解释,是双子座生日的人在冬季(在澳大利亚,五六月为冬季)达到法定驾驶年龄,因此在路况较差的季节开始开车。

》》 选择性感知

当发现丈夫有外遇时,妻子回顾整个婚姻生活,只想到那些暗示丈夫并非真心爱她的片段。

选择性感知的意思就是一个人在感知事物时,所采用的方式最终只支持了先入为主的想法。

选择性感知的经典表现是刻板印象和偏见。一旦事物在心中形成了固定的模式,我们就只会注意到那些符合模式的现象。

选择性感知可以迎合不同的观点。例如,美国国家航空航天局一度有 50% 的员工是印度裔,微软有大量员工是印度裔。

有些人认为这可能表明印度裔员工在计算机方面特别聪明,或者技能水平很高。印度有庞大的软件产业,并且有很好的计算机培训机构,尤其是在班加罗尔(Bangalore)附近。所以移民美国的印度人很可能最终会从事计算机方面的工作。此外,美国信息技术专业人士短缺,所以可能向具有这些技能的印度裔人士发放了特殊签证。

选择性感知很难挑战,因为说话者表达的内容可能是正确的。听者无法知道说话者是否有所保留，或者有所遗漏。一个人可能给你列举了某名员工的种种偷懒情况，但可能不会告诉你这名员工工作异常努力的例子。

如果你认为群体 A 犯罪率更高，就会只注意到群体 A 所犯下的罪行，可能不会注意到是群体 B 的犯罪率更高，而在群体 B 中恰好同属于群体 A 的人的占比更高。

》》情绪

情绪源于偏见和刻板印象。

这个人是在提供客观看法，还是带有情绪的看法？通常我们很容易通过所用形容词来判断有情绪的看法。

如果表达观点时用了懒惰、无用、不诚实、粗心、危险、狡猾和不可靠之类的形容词，马上就能表明这个观点非常情绪化。如果把句中的这些形容词去掉，这个观点就站不住脚了，因此，这个观点只是情绪的载体。

每个人都有表达情绪的自由。然而，听者不一定会被说者的情绪左右，或认同说者的这些情绪。当情绪卷入逻辑时，逻辑就会有不成立的危险了。如果话语中对情绪有明确的标记,就不会有这种危险,比如"这就是我对这件事的感受。"

听者可能仍然会问为什么会出现这些情绪。

> 情绪可能是对事件的反应。
> 情绪也可以决定事件被感知的方式。

>>> 不同的经历

本书第3章指出,不同的个人经历会导致人们产生不同的看法,也会让人们产生分歧。如果你的经历与讲者的经历不同,很可能就会发现自己不同意讲者提出的结论。

生活在君主制国家的人和生活在没有皇室的国家的人,生活经历可能非常不同。经历过离婚的人与从未离过婚的人的经历也会不同。

经历不同绝不意味着你的体会就是对的,对方的就是错的。在表达分歧时,你只是指出你的经历有所不同:"我辅导年轻罪犯的经历显然与您的经历不同。我发现……"

同样，有不同的经历，也就会对事情有不同的解释。例如：

作为一名年轻医生，我发现护士对病人照顾得非常好。

作为一名年轻医生，我发现护士没怎么管病人。

乍一看，这两种体验似乎互相矛盾。事实证明，在第二种情况下，医院人手不足，护士工作过于繁重，因此看起来没有多少时间陪病人。

>>> 笼统概括

一般而言，笼统概括可能总是会招致反对意见，如第 1 章所述。

概括的本质是这样的，一个"盒子"上贴了标签，标签适用于"盒子"中的每个人或每件事：所有孩子都很可爱；所有律师都好辩；所有意大利人都很浪漫；所有法国女人做饭都很棒。

为了挑战这种笼统概括，你可能会认为用"许多"或"大多数"这两个词比"所有"要好。但如果用了这样的词而破坏了论证的逻辑，让逻辑行不通，那么就需要怀疑这种逻辑——至少是在用这种逻辑来评价人的时候。在技术领域，概括可能确实适用。

>> 推断

有一则笑话：一名客机驾驶员不得不关闭一个引擎，并为此向乘客道歉。他解释说，这种情况下他们将晚2个小时到达纽约。第二个引擎发生故障后，他解释说他们会迟到4个小时。然后第三个引擎发生故障了。这时副驾驶靠过来对他说："老天，我希望最后一个引擎不会坏，否则我们会整晚待在天上！"

推断意味着将一个趋势向前推进，并假设这一趋势将会继续。例如，生态学家在对全球变暖发出警告时，总是需要做出推断。他们有时可能是对的，有时可能是错的。

在大多数国家，接受高等教育的学生人数在增加。我们能否就此推断现在每个人都受过高等教育，所以没有足够可供选择的合适工作？如某国经济以每年8%的速度增长（比大多数其他国家快得多），我们能否以此推断，某国将成为全球占主导地位的经济强国？

就像笼统概括一样，推断需要谨慎对待。推断中可能有一部分是对的，但最终结果可能与推断不太一致。很多时候会出现让结果与推断相反的影响因素。

≫ 可能的和肯定的

这是有关如何表示反对的重要内容之一。

你可能愿意认为某事是"可能的"，但非常不愿意接受它是"肯定"的。

提高离校年龄可能会减少青少年犯罪。很难接受这种说法是肯定的。

"有点可能"和"肯定"之间有许多过渡层级：

有点可能

比较可能

可能

很可能

非常可能

可能性很大

肯定

对以很肯定的口吻所表达的观点表示反对的时候，可以指出这种观点能让人接受的"可能程度"。

例如：

某国比较可能在未来50年内成为主导经济体。

人类有点可能会在月球或其他行星上建立居住地。

艾滋病病毒很可能在非洲成为主要问题。

>>> 分歧还是反对

反对暗含尊重真理的意思，是关注真理的表现。你不想让别人用不真实或未经证实的观点作为真理充数。

在第3章"意大利面"的比喻中，不同酱汁是选择问题。如果有人建议把咖啡粉洒在意大利面上，你可能会认为这样做是"错误的"。（事实上，我试过在意大利面上加咖啡粉,味道很好!)但如果有人建议给意大利面加柴油,你肯定会拒绝,因为这不仅会影响味道,而且可能让人中毒。

因此,通过表示反对,你可能表达了以下的意思之一:

这是完全错误的。
有可能错误,但不确定。
对方说的只是众多选择之一。
对方说的只符合他的经验。
对方说的只符合他的价值标准。
对方说的只适合他,但不适合你。
对方说的是基于情绪和偏见的。
对方说的是基于选择性感知的。
这个结论不成立。
对方说的只是对未来的一种可能看法。

反对的类型很广泛,应尽可能地指出你的反对是哪一种,并加以阐明。直截了当地反对太突兀,反对的方式确实需要说明。

一旦做到这一点，就可以对反对的内容展开探讨。

>>> 小结

（1）不要为了反对而反对。

（2）不要仅为了显示自己有多聪明或宣传个人想法而表示反对。

（3）表示反对时，请注意礼貌。要温和地表述，而不能粗鄙无礼，咄咄逼人。

（4）提出反对才能指出一个事实或观点，这种想法是错误的。

（5）在表示反对时，你可能需要指出逻辑错误，或者表明前面的论述并不能推导出最后的结论。

（6）在表示反对时，你可能需要指出对方对统计数据或事件有选择性感知和特定解释。

（7）当对方在其观点中出现情绪、偏见和刻板印象的时候，你可能需要指出来。

（8）你可能想通过反对，分享不同的个人经历。

（9）总是要质疑笼统的概括。

（10）要质疑基于对未来的极端推断而得出的结论。

(11)挑战一句话的"确定性",并提出表达"可能性"的陈述是非常重要的。

(12)有不同意见和反对不是一回事。

第 3 章
如何表达分歧

演员通过试镜获得角色。他们经常被拒绝,次数多了令人沮丧,演员往往会因此丧失自信。所以他们的经纪人会说:"你是个苹果,但他们找的是橙子。这并不是说你是一个坏演员或'坏苹果',只是他们想要的东西不同而已。"

有些人喜欢在意大利面上加鳀鱼番茄酱,有些人喜欢加香蒜辣椒番茄酱,有些人喜欢加传统的那不勒斯酱[①]。这些都只是不同的酱而已,并不说明哪一种比另几种更好。

一个家庭中的孩子各有不同,但父母都爱。

>>> 两种分歧

据说在黑暗中,大多数人无法区分威士忌和干邑白

---

① 一种传统的意大利面酱料,主要原料为番茄等。——编者注

兰地，这可能有点令人意外。为此，有人专门组织了一场游戏。黑暗中，酒杯被轮流传递给游戏参与者，让他们猜杯里装的是什么。有人说是威士忌，也有人说是干邑白兰地，意见不一。但只有一个正确答案。杯子里装的不是威士忌就是干邑白兰地，而不是两者混在一起。游戏中出现了不同看法，但只有一种看法是正确的。

"这是什么？"答案可能存在分歧，但最多只有一个答案是正确的（他们有可能都答错）。因此，有一种分歧是只有一个正确看法，其他看法都不对。

然而，还有另一种分歧。想想以下2句话：

如果我们提高杂志售价，买的人就会减少，我们就会赔钱。

如果我们提高杂志售价，人们会认为它更有声望。此时，除了销售带来的额外收入，我们甚至还可能获得更多的读者。

每当我们展望未来时，总是可能对有可能发生的事情有不同看法。我们很难有先见之明，能提前判断哪种看法是正确的。在某些情况下，可能会有研究或先例表明哪种观点可能会是正确的。然而，通常情况下，人们对于未来会有多种看法。

>>> 分歧的来源

这盘菜需要再加点盐。
这盘菜的盐够了。

分歧可能源于个人偏好。有些人喜欢恐怖片，有些人喜欢动作片，还有些人喜欢西部片。个人偏好的差异让大多数人都有合适的选择。

想象一下，两个人正在争论从 A 地到 B 地的最佳路线。

"最好穿过祈福村（Clickford）。"其中一位说。

"走收费高速路是更好的选择。"另一位说。

这个争论取决于对"最佳路线"的定义。这有几种可能：

最佳路线指最快的路线。
最佳路线指最美的路线。

最佳路线指最好走的路线。

最佳路线指车最少的路线。

最佳路线指路程最短的路线。

除非明确定义"最佳",否则各个不同的意见都有道理。对一个人来说,最简单好走的路线可能最好,而另一个人会认为最快的路线最好。

设想两个人分别站在教堂的北面和南面,从各自的角度描述教堂。这两种视角都没错,只是不同而已。

在一个故事里,一个男人把他的车一边涂成白色,另一边涂成黑色。他的朋友们问他为什么会做这种奇怪的事,他回答说:

"如果我的车出了事故,法庭上的证人证词会相互矛盾,可有意思了。一名目击者会声称是一辆白色汽车撞倒了骑自行车的人。另一名证人则会说肇事汽车实际上是黑色的。"

两位证人视角不同,但他们都没错。

有些人要做生意或还抵押贷款,必须得借钱;有些人从事贷款业务或靠存款利息生活。从前者的角度来看,低利率是好事,而从后者的角度来看,低利率根本不是好事。双方意见分歧很大,但两种意见都是对的。

不同的视角会带来不同的感知。然而,即使从相同的视角来看问题,也可能会存在感知差异。

从家长的角度来看,孩子在学校使用计算机,让孩子能够获得他们平时无法获得的大量信息。同样是从家长的角度,可能会觉得计算机减少了青少年之间的线下社交互动,限制了他们的线下社交体验和与他人面对面相处的能力。两种看法都基于同一类人(父母)的视角。两者都是对的,但又有所不同。

再举一个例子。一个酒杯装了半杯酒,悲观主义者看到会说,这个杯子是"半空的";乐观主义者则会说是"半满的";一位设计顾问会说,做酒杯用的玻璃太多了;酿酒师则会说,酒杯里装的是红酒。

正如第 1 章中所说的那样,不同的价值标准总会导致意见相左。

当美国政府提议儿童福利要覆盖还在子宫内的胎儿时,不同的价值标准导致了意见分歧。有些人对此表示支持,认为这等于承认了孕妇由于怀有身孕而有额外的需求,为她们提供急需的帮助也就合乎逻辑。有些人将此举视为阻止堕胎的途径,因为如此一来,未出生的孩子已被视为保护对象。这也可能意味着现在可以举报和记录堕胎行为。

当越来越多的学生在英国的中学毕业考试中成绩越来越好时,有些人认为这是好事,因为更多的学生取得优良成绩可能有助于他们进入就业市场。然而,有些人对考试"放水"表示失望,并要求增加一个更高的成绩档,让最优秀的学生依然可以脱颖而出。

不同的经历也会造成分歧。在经济贫困地区任教的教师与在较富裕地区任教的教师经历不同。

例如,我们发现在学校直接将"思维"作为一项技能来教授,对贫困地区学生的自尊和行为有显著影响,他们感到现在能够掌控自己的生活,自己做决定、选择和计划。在富裕地区,这种思维训练对学业的影响比对行为的影响更大。

经历了糟糕的婚姻与经历了美好的婚姻的人,观点会有所不同。

我记得一位年轻的澳大利亚女士凯蒂(Katie)跟我说过,在理想的婚姻中,妻子应该爱慕丈夫,丈夫应该欣赏这一点。

每当我向其他人引用这句话时,都会有很多不同意见:"应该反过来才对"或"爱慕和欣赏应该是双向的"。这些差异源于个人亲身经历,这也许源自一段美好或糟糕的婚姻,或原生家庭,或他人的生活(例如在杂志上读到的故事)。

人们对未来的看法可能大相径庭。没有人能确知未来。我们可以根据过去的经历和研究结果形成对未来的看法,但这些充其量只能表明未来可能会如何,不过是猜测而已。我们的个人经历和在某个领域内的经历也会影响对未来的看法。

假设有人建议结婚应该签一份正式的5年合同,如果双方愿意,可以在5年结束后续签,双方需要共同抚养在这5年内出生的孩子。如果真这样会如何?社会会怎样?对男女双方会产生什么影响?孩子又会受到什么影响?

可以说,婚姻幸福的人自然会续约,婚姻不顺的人则有了一条简单的出路。其他人可能会设想,以后不负责任的人会不断地结了离,离了结。

"判断"这个建议是否合理,取决于个人的价值标准和经历。但是,只有当你个人展望未来时,你的判断才用得上。在判断这个建议的好坏之前,必须想象一下这个建议可能带来的后果。后果也许多种多样，对每个人的影响都不尽相同。对有些人来说可能更好，对有些人来说可能更不利。

≫ 对分歧点加以说明

对于分歧，最重要的是尽可能清楚地说明具体分歧点是什么。例如：

> 我认为提高价格会增加销量，你认为提高价格会降低销量。
>
> 我相信"思维"可以作为一项技能在学校被直接教授，你认为不能，你认为只能通过学习其他学科来养成良好的思维习惯。
>
> 你认为在任何情况下，严惩不贷都是控制犯罪的最佳方式。我相信，为年轻人提供另一种方式来感知成就将降低这个群体的犯罪率。

把不同的意见放在一起讨论，尽可能真诚以对，让对方认可你指出的分歧点是正确的。如有必要，请对方总结他看到的分歧点。

希望讨论到最后，双方可以说："我们同意在这一点上保留各自意见。"

>>> 说明分歧的原因

阐明了分歧点后，下一步要尝试阐明分歧的原因：

我相信你是从这个角度来看的……而我是从这个角度来看的……（说明两种不同的视角）。

我们看待这个问题的方式不同。这是我所感知的……我想你感知到的是……（说明两种不同的看待方式）。

分歧可能只是源自个人偏好。你喜欢聪明的人，我喜欢有魅力的人。

我们遵循的价值标准不同。我的价值标准是这样的……你的价值标准似乎是……（说明不同的价值标准）。

分歧可能源于不同的个人经历。我的经历是……你的经历可能有所不同（描述你的个人经历）。

对于未来可能会发生的事情，我们似乎有不同的看法。我的观点是基于……你的观点似乎有所不同（为你的看法提供一些依据）。

接受分歧

在接受分歧之前，应尝试调和分歧。

有时两种意见可能都是对的，但它们适用于一种情况的不同方面。例如："我承认对于许多类型的犯罪，严惩是最有效的威慑之一，但对于青少年犯罪，我认为还有另一种方法，即给青少年创造更多机会获得成就。"

分歧可能表明双方的关注点不同。在"半杯酒"的例子里，一个人关注的是空的部分，另一个人关注的是剩下的酒。

就像"从 A 地到 B 地的最佳路线"的例子一样，明确定义什么是"最佳"通常可以调和意见分歧。意见是一种判断，这种判断的依据是什么？是对整个社会有好处，还是只对个人有好处？

可以共同探讨个人经历的差异。某个经历可能是重要的，但对它的解释不一定唯一。也许贫困地区的年轻人确实犯罪率更高，但原因不是经济困难，而是这些年轻人与帮派比与家庭的关系更紧密，而帮派会要求他们进行犯罪活动。

可以通过观察相似情况来探讨对未来的不同意见，例如"他们提高了某种香水的价格后，销售额确实增长了。"

也可能有先例可循，有些先例可能比其他的更有参照意义。提高香水的价格与提高杂志的价格可能没有可比性。

展开研究和进一步获取信息可能有助于消除对未来的判断的分歧。未来无法确定，但有些猜测可能准确。讨论的目的是共同努力，更好地预测未来。

真正为调和意见分歧付出努力之后，双方可能"同意保留不同意见"，也就是双方达成共识，由于关注重点或价值标准不同，意见相左不可避免。至少各方都清楚分歧的依据是什么。

意见有分歧不是坏事。分歧让所讨论的情境更加丰富，澄清不同价值标准和经历也会让讨论更有深度。讨论的目的不是因为分歧不好而要"消灭分歧"，而是通过探索分歧的依据来探讨话题。

没有什么比"隐藏"的分歧更糟糕了，即双方都以为他们在根据相同的价值标准和经历从相同的角度讨论相同的事情，而事实却并非如此。最激烈和最愚蠢的争论通常都是在这种情况下产生的。

这就像法庭上两名证人争论肇事车辆是白色还是黑色一样。他们永远不会想到，一辆汽车可以看起来"既是黑色，又是白色"！

》》小结

（1）有时，多种观点中只有一个是正确的。这个观点经得起检验。

（2）更多的时候，不同的意见各有一定道理。

（3）分歧可能源于对判断依据的不同定义（何为"最佳路线"）。

（4）分歧可能源于个人偏好或选择。

（5）分歧可能源于不同的价值标准。

（6）分歧可能源于不同的视角。

（7）分歧可能源于不同的感知，即便视角相同。

（8）分歧可能源于不同的个人经历或所掌握的不同知识。

（9）分歧可能源于对不确定的未来有不同看法。

（10）尽可能清楚地说明分歧点，把不同意见摆上台面一起讨论。

（11）努力探索和解释分歧的原因。

（12）寻求调和分歧，在无法调和的分歧上，同意保留各自意见。

第 4 章
如何做个有趣的人

有趣比赢得争论更重要。

有趣比展示你有多聪明更重要。

如果你是个有趣的人,人们会想和你在一起,主动与你交朋友,喜欢和你交谈。

别人认为你有趣,可能是因为你参加了亚马孙流域偏远地区的探险,遇见了一个从来没有人去过的部落。

别人认为你有趣,可能是因为你单枪匹马,驾船环游了世界。

别人认为你有趣,可能是因为你正在对人类历史上的人口迁移展开有关基因的研究,你的研究令人着迷。

但出于本书的目的,我们假设你从没做过或没有正在做这类看起来很厉害的事。这么说有点不公平,因为其实无论你在做什么,无论多小的事,都可以让你变得有趣。

要做一个有趣的人,第一条法则就是谈论你擅长和感兴趣的事情。它可能是你的工作,也可能是你的爱好。你需要调整说话方式,以适应两类听者:第一类听者对你讲的东西一无所知,要靠你用有趣的方式呈现内容。第二类听者对你讲的东西有一定了解,并想进一步了解更多,在这种情况下,应该让听者多发问,你尝试回答。

》》信息

你知不知道,有些雌性竹节虫完全不需要雄性竹节虫,就可以生下雌性竹节虫吗?

海马雌性产卵,雄性授精。然后雌性将受精卵"甩给"雄性,由雄性照看直到其孵化。

在澳大利亚昆士兰州,有一种蛙[①]的雌蛙会吞下雄蛙受过精的卵,然后它的胃会停止分泌胃酸,受精卵在它的胃里发育。幼蛙成熟后,会从雌蛙嘴里跳出来。

冷门知识是让你变得有趣的元素之一,可以把在报纸或杂志上读到的内容记下来,不断积累这类特殊信息。

---

① 一种生活在澳大利亚昆士兰州森林的青蛙,科学家把它称为"澳大利亚青蛙"或"胃蛙",于20世纪80年代灭绝。——编者注

你也可能对祖鲁族的战争、游艇设计或哈萨克斯坦的家庭结构等特殊领域兴趣浓厚，并成为该领域的专家。

但是，目前先假设你不了解这些特殊信息，也没有做任何非常特殊的事情。那怎么才能变得有趣呢？

≫ 假如……会怎样

假如可以教狗说话，会怎样？

如果真的如此，人们可就很难保守家庭秘密了，因为你的狗会告诉邻居的狗，让家庭秘密一传十，十传百。

你的狗可能会顶嘴。如果你让狗出去，狗可能会问："凭什么？"你的狗还可能会告诉你它是否喜欢你给它喂的食物以及它什么时候饿了。

你可以让你的狗做点接电话和跑腿之类的活儿。窃贼入室，你的狗可能会问窃贼："我说，你在这干什么呢？"

有了会说话的狗，独生子女和独居老人就有了一个可以交谈的朋友。

电视和其他媒介的广告需要考虑到狗能听懂广告词，而且会说话的狗可以对主人施加影响。

狗可以在报社当记者,用语音识别软件来输出报道。

假如只能由女性来求婚会怎样?

假如可以克隆人类,而且成本相对很低会怎样?

假如美国的艾滋病病毒感染水平达到非洲部分地区的水平会怎样?

假如潜意识技术让电视广告效果极为强大会怎样?

假如我们说话的时候都开始用代码替代普通语言会怎样?

假如每个人都读本书会怎样?

我们问"假如……会怎样?"的问题时,是在做各种设想。由于这些设想会在未来得到验证,因此现在无从确认哪些会成为现实,哪些不会。设想都是开放式的,应该努力提出尽可能"合乎逻辑"的设想。为了好玩,偶尔"幻想"一下也是可以的。

通过使用这种有趣的方法,一些简单的设想可以变成有趣的游戏。例如:让我们想一想,假如合适人选不论年龄多大,从刚进企业的时候就作为首席执行官来培养,那会怎样?

在法国,有意向的司法行业人士经遴选后,年纪轻轻就开始接受法官培训。在英国,相关人员会在成功的大律师中挑选人选，询问他们是否愿意做法官，不过很多人会拒绝，因为成为法官后，收入可能会大幅下降。

>>> 可能性和替代选择

大多数谈话和辩论都力求确定性的结果："就是这样""这样不对""应该是（或不应该是）这样的"。

提出可能性和替代选择可以让讨论更有趣，可以让人们探索各种可能性，即使它们最终会被否决。例如：也许可以用不同的方式收税，纳税人可决定其部分纳税额的用途，最高可支配额度为50%，是用于公共卫生、教育，还是国防，由纳税人说了算，这相当于是通过税收进行投票。

可以为公认的问题或冲突提出替代解决方案，提出之后可以展开讨论，斟酌权衡。

一位年轻的澳大利亚医生提出消化性溃疡可能是由感染引起的。一开始大家都嘲笑他的看法，但事实证明他是对的。因为这一发现，多年来一直因消化性溃疡而服用抗酸剂的人，现在2周内即可治愈，重症患者也不再需要大费周折，通过手术切除部分或整个胃部来解决问题了。科学就是通过探索可能性和替代选择而不断取得进步的。

据说在美国，75%的人会和一起共事的人结婚，伴侣的选择似乎非常有限。还有什么其他选择，可以帮助我们找对象呢？互联网、报纸专栏、婚恋公司？

胖子通常看起来很快乐。这只是一种错觉吗？还是让他们发胖的激素也会让他们快乐？还是因为他们快乐所以吃得更多？又或是他们看起来很开心是因为他们认为这是可以为社会做出贡献的一种方式？

一旦你养成了寻找可能性和替代选择的习惯，话题从你口中说出时就会变得更有趣。

≫ 推测

我认识一位非常有名的哲学家。我们是好朋友，但我们之间很难展开对话，因为我们双方对应该如何展开对话有不同的看法。

他的看法是，对话应从准确定义所用的术语开始。在对话结束时，可以看出结论是否与最初对术语下的定义相符。

在我看来，对话更像是要翻过攀岩运动中叫作"烟囱"的纵沟，每一步都会带来新的可能性和新的想法，过程中有各种试探，最后你会"进入一个花园，那里长满了你从没见过的植物"。

太多的人认为思考和对话应该只关乎"真理"。我们应该只相信真理，并据此行事。这么说可能是对的，但为了获得真理，我们可能必须探索各种可能性（就像提出科学假设一样）。

对话也有娱乐价值。推测也比真理具有更高的娱乐价值。做各种设想会很有趣，颇具娱乐性。

女性艺术家比男性艺术家少，是否因为女性更保守，必须处理生活和家庭事务中严肃的事情，而男性可能更喜欢嬉笑玩闹、放飞自我？

〉〉关联

建立关联就是在可能性、替代选择和推测之间寻找关系。

在彼得·尤伯罗斯（Peter Ueberroth，1984年洛杉矶奥运会组委会主席）的领导下，在1984年，洛杉矶成功举办了第 23 届夏季奥运会。1975 年我在佛罗里达州的博卡拉顿（Boca Raton）对青年企业领袖组织发表了演讲（彼得·尤伯罗斯是听众之一）。这两者间是否有关联？

彼得·尤伯罗斯认为有关联，他利用我的水平思考的创造性技巧设计的新概念，在此届奥运会中获得了巨大成功。

少女怀孕的现象与向单身母亲分配福利房的政策之间有关联吗？

有时没有关联的事反而容易让人"看到"关联，很多想象出来的隐藏关联中充斥着偏执的痕迹。此外，探索可能存在的关联并没有坏处，只要在关联未经证实之前不要当真就行。

>>> 创造力和新想法

假设你正在批改试卷，其中一位答题者提出了一个新颖的观点，他的得分就很可能会高于其他人。其他人可能也都能作答，但答案毫无新意。新颖的观点因其与众不同而吸引眼球。

在对话中也是如此。大多数人可能都通情达理、尽职尽责，但相当沉闷无聊。新颖的想法很少见，因为传统教育教会了我们做分析和判断，但很少教我们创造力。

有一个错误的观点认为，创造力是一种神秘的才能。有些人天赋异禀，而其他人徒有羡慕。根本不是这么回事。正常情况下我们先识别情况，然后应用常规模式。这与创造力相反。创造不是守株待兔，等灵感来，而应该有一些我们可以学习和刻意使用的思维方法。

因此我发明了水平思考及其正式方法。水平思考这个词现在已被收入大多数英文字典中，在商业和其他领域被广泛运用。它的具体方法包括激发、概念提取和随机词，全部都是基于对自组织信息系统行为的理解。自组织信息系统是指信息能自行形成模式的系统。激发是指这样一种陈述，我们知道它是错的，但通过它来激发新思路。在任何自组织信息系统中，都存在着激发的数学需求。我创造了"Po"这个词来表明接下来是一个激发。

以一个在河边的工厂为例，它排放了污染物，下游的居民苦不堪言。接下来的这句陈述"Po，这家工厂在自己的下游"，看起来不合常理，有违逻辑，但由此产生了一个非常实际的想法。如果规定在河边建厂，必须从下游取水供工厂使用，那么工厂就会更加关注清理自己的污水——有人告诉我，一些国家已经据此立法。

"Po，人们应该提前决定自己的死亡日期。"

我曾把这句话摆在了众多诺贝尔经济学奖获得者面前，他们当时正在开会讨论养老金计划。

创造是一种技能，也是一种习惯，需要通过学习和练习，逐渐养成这样的习惯。即使没有任何特殊的创造技能，你也总是可以寻求新的想法，并提出来。就算这个新想法不能发挥实际作用，也能为新的讨论提供起点。

>>> 一个非常有益的习惯

你需要养成说这句话的习惯："哦，这个很有趣。"

一旦你准备好随时说这句话，就可以把它用于评价对话中出现的内容。平时在对话中出现一个想法时，双方可能不会刻意留意，而是继续往下聊，但现在请按下

"暂停键",说出那句话,然后就这个想法展开讨论,详细阐述想法本身和相关事宜,这样你就引出了可能性和替代选择,建立起了关联。

这就像你有一把弓和一个装满箭的箭袋,随时可以把箭对准一个特定的点射出去:"哦,这个很有趣!"你需要解释为什么你会觉得有趣,说明你的看法,列出有趣的方面,邀请对方就此和你共同探讨。

你应该学习形式化地使用这句话,把它作为引导注意力的工具。仅仅等待想法出现是不够的,需要有意识地"引导注意力"。

>>> 练习

"感兴趣"和"有趣"是紧密联系在一起的。你需要养成在几乎任何事情上都能发现亮点的习惯。培养这种思维习惯需要练习。一个非常简单的练习就是找几样不同的东西,然后试试在它们身上找到有趣之处。想象一下你正在谈论这几样东西,你打算说什么?在讨论以下每一个话题的时候,如何可以讲得有趣?

青蛙

民主

机场

口香糖

旗帜

方向盘

广告

版税

炒鸡蛋

独自或与他人一起尝试这个简单的练习。剪一些卡片,在上面写下不同的词(如上文所示),然后放入袋子中。从袋子里盲抽一张,然后每位练习者都试着对卡片上的词找点有趣的东西来说。

>>> 小结

(1)探寻真理总是很重要,但为人有趣比赢得争论更重要。不管是为了自己还是为了他人,都应该成为一个有趣的人。

（2）你有趣可能是因为你做过或正在做，或是知道的有趣的事情，也可能是因为你说话的方式。

（3）用"假设……会怎样？"的发问方法可以帮助发现新的可能性和新思路。

（4）寻找可能性和替代选择可以丰富对话。做事或看待事物的方式通常不止一种。

（5）推测着眼未来，并开辟了新的关注点。描述只是回顾过去的现象。

（6）寻找和建立关联可以将事物联系在一起，激发人们的兴趣。

（7）新的想法不常有，且能让讨论生动起来。寻求创意并产生新的想法。学习并应用水平思考的正式技巧。

（8）激发有助于催生新的想法。提出一句明知有误或不可能的陈述，以激发新的思考。

（9）将以下这句话作为正式工具来运用："哦，这个很有趣。"随时对听到的信息说这句话。

（10）努力探讨和阐述，并从事物中发现兴趣点。

（11）通过简单的练习来培养你引发兴趣的能力。

（12）如果有人产生了一个有趣的思路，顺着这个思路展开讨论，协助进一步挖掘这个思路中的兴趣点。

第 5 章
如何回应

一般而言，讨论、论述或对话的主要目标可以概括如下：

达成一致。这可能是因为双方都在寻求真理，也可能是因为双方必须设计一种切实可行的行动方式。

就分歧点做出阐明并达成一致，这包括说明产生有差异的观点的依据，例如价值标准、经历或视角。

尽可能让讨论过程生动有趣。

这些是总体方法或目标。实现目标的过程中，时不时要穿插许多其他活动，这就是本章要讲的。

对于谈话中所提的内容，你的直接反应或回应是什么？

前面几章已经介绍了一些基本的反应。

你可以对对方观点表示同意。你可能完全同意，可能部分同意，可能对所提观点稍做更改之后表示同意。

你可以与对方有分歧。你需要准确地指出分歧点、分歧是怎样的以及出现分歧的原因。对方需要知道分歧的确切性质。

你可以不同意对方的观点。你不同意的可能是观点中的对方所谓的事实、价值标准、经历、结论和是否具有"确定性"。同样，你需要表明具体不同意什么以及是出于何种理由。

你可以针对整个观点或其中的某些部分提出可能性和替代选择。

你可以指出一个"兴趣点"，然后试着展开。

你可以总结对方观点，然后重复你认为你所听到的内容。

这些内容在前几章中都已讨论过，在以后的章节中还会被再次提到。

本章涉及回应的其他方面。

>>> 澄清说明

如果双方互相误解,鸡同鸭讲,争论不休,那真是再愚蠢不过了。这是在浪费精力。因此,如果你有丝毫不清楚的地方,都需要要求对方确认:

您说的是这个意思吗?
我是这么理解您的观点的……我的理解对吗?
我好像没太理解您所说的,您可以再说一遍吗?
您刚才所说的我不是很清楚,能为我确认一下吗?

任何讲者都想交流和被理解,所以不会介意被要求重复或确认某些内容。要求确认并不意味着你很笨,相反,这说明你对所说的内容有极大兴趣,所以想确保自己的理解无误。

在要求确认时,你可以只是要求对方用简单的语言重新表达已经说过的内容,或者,你可以给出你的理解并询问是否确实正确。

"照我的理解,您的意思是×××,是这样吗?"

>>> 提供佐证

提供佐证比简单地表示同意向前迈了一大步。表示同意只需点个头或说"对"就行了。提供佐证意味着你要提出一些看法,让对方的观点更有力。如果有人说他饿了,你可以口头同意这个人可能饿了。但如果你给那个人食物,就不仅是在表示你知道他饿了。

你可以根据自己的经历支持一个观点:"我同意您的看法,我在学校的经历也和您完全一样。例如……"

你可以基于自己的感受或情绪来支持一个观点:"对于……我和您的感受完全一样。"

你可以基于共同的价值观或道德原则支持一个观点:"我们可能拥有相同的价值标准,所以我同意您关于……的看法。"

你可能刚好掌握了一些事实和数据,可以借此提供佐证:"有统计数据支持您刚才所说的……"

你可以提供能佐证对方观点的事例。

如果你不同意某个论证,但有支持该论证的证据,你该怎么做呢？是应该像法庭上的辩护律师一样保持沉默吗？

我们的本能倾向可能是保持沉默。为什么要为你反对的事情提供佐证呢？说到这里，我们要讲一个相当重要的内容，即就主题开诚布公地讨论和为主题"提供理据"之间的区别。

"提供理据"就像在法庭上一样，你提出支持你方观点的论据并为此辩护，同时攻击对方提出的论据。千百年来，我们一直认为这是讨论问题的最佳方式之一，但其实不然。这种方式简单而粗暴，第8章将介绍一种更好的方法。

因此，如果你想到支持对方观点的证据，就把它说出来。

假设讲者正在抱怨现在商店里的服务质量差，你可以说："前几天我在一家商店里……"

然后，你讲了一个有关服务态度恶劣的故事，正好支持讲者的观点。但是，你接着又补充说："确实有一些服务态度差的例子，但总的来说，我认为服务质量在过去10年里已有大幅提升。"

>>> 例子和故事

如果例子和故事适用于所讨论的内容，就能为对话增添生动性和现实感。完全在抽象的哲学层面上进行对话可能很无聊。

故事并不像统计数据那样可以为观点提供证据。一个勤奋进取的少年的故事并不能说明所有的少年都勤奋进取，也不能驳斥有的青少年好吃懒做、贪图玩乐的观点。但故事可以用来驳斥"笼统概括"，比如"所有青少年都很懒惰"这句话可以改为"有些青少年似乎很懒惰"。

故事除了具有生动性和真实性之外，还能说明可能性。一位老师曾经讲了一个故事，在直接把"思维"（不仅仅是批判性思维）作为一种技能来教授之后，一个"校霸"①发生了彻底改变。我看了这个"校霸"写给老师的信，信中写道："我以前认为自己什么都不行，现在我知道自己擅长思考。"（确实如此。）

这样的故事并不能"证明"什么，但它说明了一种

---

① 指学校当中比较强势，经常欺负人的一类人。——编者注

可能性。可能那些平时在学校各科成绩平平的学生一点也不笨，而且可能很擅长思考。一旦他们意识到这一点，他们的自尊心就会增强，不再需要靠欺负人来提升自尊。

故事还可以用来说明原则。

一次，有人给我解释了查看火箭加注了多少燃料所需的复杂计算过程。有一天，有人建议在火箭上装一扇窗户，这样就可以看到里面有多少燃料。这个故事说明的原则就是可能有更简单、更直接的做事方式。

亲身经历的例子特别有说服力。我年轻时在牛津大学做罗德学者①，当时的校规对外出返校时间有规定。如果你去伦敦参加派对，回来晚了，得翻墙才能进入所在学院。一个大雾弥漫的晚上，我很晚才从伦敦回来。我知道要翻两面墙，也确实翻了两面墙，结果还是在学院外面。原来在雾中方向难辨，我在一个拐角处翻进来又翻出去了。所以即使你以为自己确定自己正在做的事情清楚无误，还是值得再确认一下！

---

① 即罗德奖学金获得者。罗德奖学金，世界上历史最悠久、最负盛名的国际奖学金项目之一，有"全球青年诺贝尔奖"的美誉，其评定标准包括学术表现、个人特质、领导能力、仁爱理念、勇敢精神和体能运动等方面。——编者注

有一个关于某工厂包装工人的故事,他们在包装过程中会用到旧报纸。问题是工人会花很多时间阅读旧报纸上有趣的内容。工厂的解决方法(据说)是将包装工人都换成了盲人。

有必要记住,故事并不能证明什么,因此讲再多有感染力的故事也很难证明一个观点。故事只是有助于说明问题,并显示出不同的可能性。

>>> 延展思路

你可能认同对方提出的观点,不仅表示同意,还想要提供支持材料,而且还希望对其进行"延展"。

假设有人在谈论"年轻人需要获得成就"。为了支持这一点,你可以提供统计数据,比如在某国,94%的年轻人认为获得成就是他们生活中最重要的事情。

提供这个数据是在支持这个论点。然后你可以延展一下思路,看看年轻人可以通过什么途径获得成就。如果一个年轻人在学术或体育方面没有天赋,也不会弹奏乐器,那么成就从何而来?一个可能就是"爱好"。也许可以下更多功夫,在学校鼓励和培养学生的兴趣爱好?

另一个可能在谈论自尊对青少年的重要性。你表示同意并在此基础上提出新的想法来延展思路。假设制定一项规定或提出一项建议,要求所有学校的校长对本校每名毕业生都"说一句表扬的话",比如某个学生很善良,或很友好,或很守时,或乐于助人,或特别幽默。这样一来,老师平时就会开始在学生身上寻找学习以外的闪光点。

▶▶ 拓宽可能性

有人提出一个观点,你不仅接受这个观点,而且还要尝试拓宽它。

提出观点的人可能没有充分考虑到这个观点的全部可能性,所以你要帮助对方看到这些可能性。同样,这么做不仅是在表示同意,而且是与对方合作,一起来充分探讨这个观点。

据说在意大利东北部的威内托大区(Veneto),平均每11个人就有一个企业。该地区是整个欧盟经济最有活力的地区之一。创办小企业的秘诀是什么?

创业的问题之一是风险。有人认为低息贷款（意大利贷款利率低）可以降低风险，有助创业。你可以再提出一个降低风险的方法。如果一家小企业倒闭了，其亏损可以作为税收抵免额度出售给其他企业（不必是同一领域的企业），这样也可以消除创建小企业的一些不利因素。

▶▶ 实践设想

这实际上是"假设……会怎样？"过程的姊妹版。

设想一下如果将你所接受的看法付诸实践，未来会如何。

有人提议，在选举中每个选民都应该有一张赞成票和一张反对票，反对票投给他反对的候选人，表明"我真的不希望那个人在政府任职"。

可以想象一下，在实践中，这个想法会带来什么后果。极端分子或暴君可能因此很难上台。他们的支持者仍然会投赞成票给他们，但其他人会投反对票，这样就抵消了赞成票。但这样做有个负面影响，即有可能一方的支持者会给另一方最有能力的人投反对票。

"设想"意味着要考虑所有可能的后果和情境。这是一种真正的探究,而不仅是试图在某些方面支持一个观点。

我曾经建议,在中东地区宣布周二为无暴力日。这样人们可以在周二放松一下,并期待周二的到来。然后他们就会开始发出疑问,为什么不能每天都像周二那样,寻求和平的动力就会增加。

所有这些建议体现的都是合作探索的精神,而不是一争高下的"唇枪舌剑"。

▶▶▶ 提出改进意见

你可以对别人的观点提出改进意见。你可能希望借此删掉你不喜欢的部分,让你更容易接受这个观点;你可以借此排除你能想到的错误和不足;你可以借此让这个观点更有说服力。

最简单的改进方法之一是试着把笼统的概括变成不那么绝对的陈述。例如:"所有性犯罪者都应该被阉割。"这可以修改为:"可以建立一个研究用激素疗法治疗某些性犯罪者的机构。"

我曾经在北爱尔兰提出过一个有趣的建议。这个建议是当一个政党在选举中失败时，那些投票给败选政党的选民将少缴纳10%的所得税。这其中的逻辑是，如果胜方的选民可以如愿以偿地让他们选上台的政府来治理国家，那么失败者将通过少交税来获得补偿。但这需要进行选民登记。不过，这个提议不太受欢迎，因为通常会在北爱尔兰议会占多数席位的北爱尔兰民主统一党成员，不明白为什么要对败选方的选民做出补偿。

我们完全可以对这个提议做出修改，让它更切实际，更容易被接受。比如调整所得税减免的额度，或者可以仅在同一政党执政超过两届的情况下，才执行这样的规定。这不是"你的想法"还是"我的想法"的问题。一旦一个想法浮出水面，大家就可以一起对它进行研究和改进，且都可以从中受益。

》》 小结

（1）对话的总体目标可能是以下之一：达成一致、表示反对、求同存异和展开一场愉快而有趣的讨论。

（2）如果你对别人所说的内容有任何疑问，务必请对方确认说明。彼此误解、鸡同鸭讲是浪费时间和精力的。

（3）提供佐证比表示同意更进一步。你可以用数据、个人经历、共有的价值标准等来佐证一个观点。

（4）例子和故事能为讨论增添生动性和真实性，它们可以是你的亲身经历，也可以是你听说过并认为相关的事情。

（5）故事并不能证明什么，但也许可以（通过展示例外情况）用故事挑战笼统的概括。

（6）故事能说明原则、过程和多种可能性。一个可能很难解释的过程可以用一个简单的故事来讲明白。

（7）对于一个观点，你可能不想仅仅表示同意，还希望能延展思路，进一步探讨。

（8）你可能希望通过丰富一个建议的内容来拓宽思路。

（9）你可以想象一个建议在现实世界中付诸实践会怎样。思考可能会发生什么，并从正反两方面来描述你想到的结果。

（10）你可能想改进一个观点，让它更容易被你接受,更有说服力或更切合实际。

(11)一旦一个想法出现,它就不再是"你的想法"或"我的想法",而是一个需要被改进和评价的想法。

(12)不要像通常所见的那样为了一争高下而"唇枪舌剑",而应和他人共同努力探讨主题。

第 6 章
如何聆听

好的听者和好的讲者几乎同样有魅力。

不知道如何聆听,就不会拥有美丽的心灵。

好的听者会表现出他正在专心聆听别人所讲的内容。

好的听者尊重讲者。

好的听者会表现出他真的对所听到的内容感兴趣。

好的听者会从听到的内容中获得价值,并在聆听的过程中表现出这一点。

以上说的,是真实态度,而不是装出来的。除非你要一直说个不停,否则总有轮到你听的时候。所以,要听就好好听,并从听中获得最大价值。

≫ 不耐烦

不想听别人说，只等着轮到自己说的听者最不美了。他们的这种不耐烦通常表现得非常明显，并且会让讲者非常不愉快。

如果你不想听别人讲，别人为什么要听你讲呢？

你可能会自认为你要说的比别人的更重要，但别人可能不这么想。

全神贯注好好听，比起不耐烦地等机会自己说，能让你获得更多的价值。

≫ 获得价值

如果听的时候专心致志，听会比说让你获得更多价值。

讲话可以显示你有多聪明，可以让别人信服你的观点，可以帮助你厘清自己的想法，但只顾自己讲话很少能为你带来新的观点。倾听却可以激发新的想法，只要你肯尝试去接受新的想法。

倾听可能会让你收获以前不知道的信息。例如，你会了解为什么有些国家规定靠右侧行驶，而其他国家规定靠左侧行驶。

倾听可能会让你发现新的事实。例如，讲者可能会给出数据，不过在接受这些数据之前，你可以通过提问来检验一下。你是否知道美国的刑事案件中有95%是通过辩诉交易定罪的？你是否知道，在许多国家，因驾驶员睡着而死于交通事故的人数比死于酒驾事故的人数要多？

倾听可能会让你发现一个从来没听过的观点。吸烟者支付养老金的比例与其他人相同，但吸烟者的寿命通常较短（可能短10年，具体取决于吸烟的多少）。因此，吸烟者通常不会全部提完他们缴纳的养老金。所以吸烟者实际上是在补贴非吸烟者，从这个角度，可以说吸烟者"非常无私"。

倾听可能会让你获得新的洞见和领悟。在美国，人均律师人数是日本的20余倍，法学院是大学里最受欢迎的学院之一。在日本，允许执业的律师总数本身就受到法律的限制。为什么美国有这么多律师？在美国，拥有法律知识被视为一种通用资历，法律知识可以用作知识储备，从事其他职业也用得上。还有一种可能是，一些聪明的年轻人想要从事具有挑战性的职业，但又不喜欢数学，于是他们就会选择法律，因为法律相关的职业属于极少数不以精通数学作为入门要求的职业。

聆听可能会让你获得别样的新视角。你可能习惯了用一种方式来看待某事，而通过倾听，你会发现还有其他的方式。也许从你的角度来看，人退休了就该休息了，而从一个新的视角来看则正相反，退休后反而应该更活跃了，应该去做你一直想做却没能做的事情。某个人的粗鲁行为在你看来是其挑衅好斗的性格的体现，而换个角度就会意识到，这其实是他为了掩饰自身的不安全感而做出的行为。

一个观点与你的观点完全相左，通过倾听，你可能会发现其实这个观点也有一定道理，这样的发现很有价值。有些人真心认为不惜一切代价延长生命是对资源的滥用，你可以好好听听他们的逻辑。据说在美国，约75%的医疗保健支出都用在了一个人生命的最后一个月里。关于堕胎问题，你也可以听听"捍卫选择权"和"捍卫生命权"的不同观点。

倾听可能会让你发现哪些价值标准具有普遍重要性，这也是有价值的发现。这些价值标准是什么？不同的人是如何运用这些价值标准的呢?

我们用两个人来做个对比。一个人在筛泥沙找钻石,另一个人在海滩上找被海水冲上岸的浮木。寻找钻石的人必须筛大量泥沙才能找到一颗钻石,但这个人知道钻石长什么样,也知道钻石的市场价值(或售价),这相当于是在寻找有已知价值的东西。

而在沙滩上找浮木的人并不是在寻找"有已知价值"的东西,他是在形状特殊的浮木中"发现价值"——比如这根浮木能做一个漂亮的灯座或一根手杖。

所以价值可以被定义和识别,或者你的贡献可以让一样东西产生价值,或者你脑海中也许已经有了一个想法,结合你听到的东西就能创造新的价值。

>>> 特别留意

注意讲者所使用的词语,尤其是形容词。形容词几乎总是带有主观色彩,所传达的是个人感受,而不完全是客观现实。

那次旅行非常无聊。(其实旅途中的风景很美,不过讲者早就看过了，所以觉得无聊。）

这个餐厅很有异国情调。（事实上，换一个人看，会认为这家餐厅过于俗气。）

他这人傲慢而冷漠。（事实上，这个人是害羞而矜持的。）

注意措辞的转换和所用的类比，有些你可能在将来用得上。

>>> 重复确认

这是聆听过程中非常有用的部分。你向讲者重复一遍你认为对方所说的内容，这样的重复能说明你明白了哪些内容，也能澄清你自己脑海中形成的认识。例如：

我想我听到的意思是，从长远来看，经济衰退对企业有利，因为低效企业会被淘汰，会在经济衰退结束时为高效企业留下更多市场。您是这个意思吗？

照我的理解，您是说女性做医生可能比男性做得更好，女性因为会运用更多直觉判断，所以可能会考虑更多因素?

如果犯罪分子觉得自己被抓的概率实际很小,那么加大刑罚力度并不能真正起到威慑作用,您的观点是不是这样?

总结、浓缩、概括和反馈你所理解的内容会让讲者感到荣幸,因为讲者也想知道自己的听者是否接收到了自己想要传达的信息。

▶▶▶ 提出问题

提问是聆听过程的重要组成部分。提问能表现出关注和兴趣,能让某些内容得到进一步探讨,可以澄清误解,让讲者对听者感兴趣的内容展开阐述,还可以检验一些内容。例如:

这些数据是官方的还是猜测的?

霍斯利先生(Horsley)真的是当着你的面这样说的吗?

你是亲眼所见,还是在转述听说的内容?

这是科学事实吗?

这些数字是否真的支持你对吸烟者的看法呢?

这种情况适用于所有年龄群体还是仅适用于青少年(参见前面对双子座和车祸的关系给出的解释)?这些人又出过多少次事故?

如果差异只有几个百分点,它可能具有统计意义,但没有太大的实际意义(例如对提高保险费用)。

例如,如果一位讲者说:"在新西兰,研究发现来自严重功能失调的家庭①的孩子更有可能成为罪犯",这似乎并不令人意外。如果你紧接着问一下这个可能性的幅度,就有可能会感到惊讶。这种家庭的孩子成为罪犯的可能性似乎是正常家庭的孩子的100倍——那可是一个很大的可能性!

---

① 功能失调的家庭是一个陷入冲突、混乱,缺乏良好结构或冷漠的家庭,以至于无法满足孩子的身体和情感需求。——编者注

>> 追问细节

你可以就自己特别感兴趣的问题询问更多细节。例如:

"您能提供更多关于这些韩国自助团体的信息吗?它们是如何运作的?"这表明你感兴趣,而且注意听了。这样追问能让你从聆听中获得更多价值。

讲者可能试图说明一个观点,但无从知道听者对哪一部分最感兴趣,要靠听者提出问题,讲者才能获得更多相关详细信息。再举一个例子:"某国现在可能是世界上唯一一个女性自杀率高过男性的国家。"对此可以提出的问题包括:

这是最近的趋势吗?

跟和女性相关的政策有关吗?

所有年龄段的人都是如此吗?

单身女性和已婚女性的相关数据反映的情况一样吗?

≫ 两个关注点

聆听的时候,总是至少有两个方面需要关注。

第一个方面是,尊重讲者意味着你在聆听讲者"试图要传达什么"。

讲者可能在试图表明观点、表达看法或就一个论点树立己方的立场。你需要注意,讲者想要达到什么目的?讲者的目的实现了吗?你同意讲者的主要观点吗?讲者有说服力吗?

同时还要关注第二个方面。

假设你正驾车沿着一条道路行驶,目的地是B镇,途中经过的一个古朴的村庄或是历史遗迹引起了你的兴趣,你停下车来,走过去进一步探索一下。

在聆听的时候,第二个需要关注的是在你所听到的内容里,哪些具体的点与讲者试图表达的观点没有直接关系,但让你感兴趣。在听讲者提到韩国自助团体时,你想了解更多与这些团体相关的信息,因为这样的社会群体让你感兴趣。

如果你想从聆听中获得最大价值,诀窍就是要牢记这两个方面。如果你只关注正在提出的主要论点,最后你可能不同意这个论点。只关注论点本身,你将收获甚少。但是,如果你还关注所讲内容中的"兴趣点",可能就会了解重要的新信息、不同的看法和不同的经历。

▶▶▶ 小结

(1)学会聆听并享受这个过程是培养美丽心灵的关键之一。

(2)好的听者会专心致志,并寻求从所讲内容中获得最大价值。有两个方面需要关注:讲者试图表达的观点以及部分内容的独立价值(自身的价值)。

(3)聆听不是不耐烦地等待轮到自己说话的时机。

(4)提出问题可能会获得新的信息,并帮助进一步探索更多信息。

(5)聆听可能会让你获得一个全新的观点。

(6)讲者可能会引发新的洞见和领悟。

(7)你可能会意识到还有全新的看待问题的视角。

(8)你可能会了解与你的观点迥异的观点背后有怎样的逻辑。

(9)你可以了解人们如何运用与你不同的价值标准。

（10）你应该留意讲者的用词，尤其是表达感受的形容词。

（11）你应该养成习惯，向讲者重复你认为你已经理解的内容，这既有用又重要。

（12）你应该通过提问来检验事实，并就有关兴趣点询问更多详细信息。

第 7 章
如何提问

提问很重要，因为这是人们在对话或其他类型的交流中展开互动的主要方式之一。

"如果不允许提问，这个世界会怎样？"

不管问谁这个问题，大多数人都会回答说："那生活就困难多了。与他人的沟通会很难，而且几乎无法得到我们想要的东西。"

而真正的答案是"其实几乎没有任何影响"。

提问题只是一种引导注意力的方式。例如：

"你叫什么名字？"这意味着"将注意力转到你的名字上"，或者直接就是"告诉我你的名字"。

"哪个国家人均吃的巧克力最多？"这个问题意味着："将注意力放在不同国家巧克力的人均消耗量上，并告诉我哪个国家人均吃得最多。"

可以看出，我们在用问题让一个人将他的注意力转到我们想要得到的东西，或想知道的事情上。

古希腊哲学家苏格拉底出了名的爱问问题。但他问的是什么样的问题呢？

苏格拉底：挑选最好的运动员时，你会随便选一个吗？为一艘船选择最好的领航员时，你会随便选一个吗？

听者：当然不会。

苏格拉底：那为什么我们会（在最后一轮抽签中）随便挑选政客？

听者可能会说，随机挑选永远不是获得良才的最佳方式。

古希腊人之所以会这样，是为了在选举中避免贿赂、腐败和拉帮结派的现象，这些在体育或航海中较少出现，而在政治上就会出现。

苏格拉底提出的问题主要是"引导性问题"。听者一步一步地给出问题的"预期答案"，因此只会得出苏格拉底希望他们得出的结论。

苏格拉底很少会问开放式问题。

》》钓鱼式问题和射击式问题

在柯尔特课程中,钓鱼式问题和射击式问题之间存在本质区别。

一个猎人带着枪出去,向一只鸟开了枪。只有两种可能的结果,要么他射中了那只鸟,要么没射中(擦边不算)。这个故事有两个信息点:一是我们知道猎人瞄准的目标是什么,二是知道可能会出现哪些结果。

在射击式问题中,我们知道目标,也知道可能会出现哪些结果,回答通常非"是"即"否"。例如:

你今天早上去购物了吗?

乔治·沃克·布什(George Walker Bush)是美国第四十任总统吗?

你上的是康奈尔大学,是吗?

回答所有这些问题都可以简单地用肯定或否定,这就是提问者想要的结果。射击式问题总是设计成用是或否来回答。

射击式问题的主要目的是检验信息,而要检验的信息在有限的范围内。

如果你想知道某人的生日是哪一个月,你可以问:"你的生日在1月吗?"如果得到的答案是"否",你可以接着问:"你的生日在2月吗?"……以此类推,直到你得到"是"这个答案。

"你的生日在一年的前6个月吗?"这样问效率会更高,如果答案是肯定的,那么就可以接着问:"你的生日是在一年的前3个月吗?"这样,得出答案前要提的问题的数量将大大减少。

当然,直接问会简单得多:"你的生日是几月几号?"

现在来说说"钓鱼式问题"。你去钓鱼的时候,坐在小溪边,投下诱饵,根本不知道什么鱼会上钩,或者能不能钓到鱼。这比射击式问题要开放得多。

因此,钓鱼式问题是开放式的。提问者不知道会得到什么答案。例如:

美国最受欢迎的女名是什么?
鼻窦炎的最佳治疗方法是什么?

然而,答案的范围会受到问题性质的限制。关于最受欢迎的女名的问题，答案肯定不会是"玉米片"。

提这种问题的人可能知道答案，也可能不知道，或者会给出一个猜测（"我想是这样"）。答案有时可能代表"无"，但这仍然有别于射击式问题。

> 钓鱼式问题：美国的女性总统有哪些？
> 答：美国没有过女性总统。
> 射击式问题：美国有没有过女性当总统？
> 回答：没有。

如果你估计你的问题的答案可能是否定的，可能就会问一个射击式问题。如果不知道答案会如何，可能就会问一个钓鱼式问题。"美国有多少对父子总统？他们是谁？"

如果你确切地知道要检验什么内容，那就适合问射击式问题。否则，钓鱼式问题效率更高，至少刚开始的时候是这样。"你引用的统计数据是哪天的？"可能比问："这些统计数据是最近的吗？"更有效。

▶▶ 资料来源和有效性

问题的一个明显用途是检验数据、报告、事件描述等的来源和有效性。有没有公开的客观报告？如果一个论点是基于某些信息，那确实需要检验这些信息的来源。你可能会问："这是你亲身经历的，还是引述了别人的事？"

客观信息和个人意见之间存在很大差别。即使你认为数据源自官方，也总是有必要用一个问题来检验一下。

▶▶ 更多详情

我们可能最常用问题来询问更多细节或对一个观点的详细说明："这方面你能再多说点吗？"

你可能需要有详细说明，才能更全面地理解所谈的问题，也可能纯粹是出于兴趣而想要有更多了解。

当讲者列举数字时，了解相关细节可能很重要。样本有多大？这是一个混龄组吗？这些数字是否适用于不同年龄段和性别的人？调查是如何进行的？这与其说是在检验数字，不如说是从数字中提取更多信息。

解释

"对此有解释吗？"

如果有人给了一种解释，你可以要求官方的说法，可以向提供信息的人询问他的解释，然后可以继续给出你自己可能做出的解释。

科学研究需要做出大量假设，假设是对所感知的事件给出的临时解释。

有时一个解释是否正确，需要经过调查证明，你需要知道这一点。

替代选择和可能性

"有什么选择？"

"有哪些可能性？"

有4个级别的替代选择和可能性：

（1）已经正式探讨及检验过的替代选择和可能性。

（2）正式探讨过但未经检验的替代选择和可能性。

（3）讲者已经想到但尚未检验的替代选择和可能性。

（4）听者可以建议的其他替代选择和可能性。

如果有能力想到多种可能性，会让讨论的内容更加丰富，而且在我们只是一时想不出另一种解释的时候，也让我们摆脱了"某些事肯定是这样"的确定性。

讲者可能会被问道："你接受这种可能性吗？"

有些人不愿接受多种可能性，因为如果一切皆有可能，还怎么做决定？然而做决定的过程其实非常简单。在"探讨"阶段，你需要提出不同的可能性。在"行动"阶段，你需要将选择范围缩小到可能性较大的几个选择和具体行动。你不会站在失火建筑物的顶部时，还指望蝙蝠侠会俯冲下来救你。

>>> 修改

听者可能很难接受讲者的极端立场，可能想要对这个观点做出修改，让它更现实，更容易被接受。听者可能会说："您能接受我这样修改您的观点吗？"

讲者可能完全不想修改观点中的某些核心要素。

或者可以问："是否考虑过……这个替代做法呢？"

>>> 单项选择题

听者可能会提出一个问题,要求讲者在有限选项内选出一个答案。许多讲者会提出反对,认为答案在选项之外,介乎两个选项之间,或答案不止一个。不过,不时问一问这样的选择题,可能会很有帮助:

"根据您的经验,商界中的女性符合以下哪种情况:a.比男性更果断;b.不如男性果断;c.和男性没有不同。"

答案可能是不能一概而论,而有很多个案差异。

听者还可能问:您认为心脏病与以下因素中的哪一个关联最大?

a.遗传;b.种族;c.生活方式;d.饮食。

还可能问:政客在选举承诺中最常提到以下哪个主题?

a.医疗卫生;b.教育;c.税收;d.就业;e.经济增长;f.犯罪。

在美国,答案是"教育",几乎每一位美国总统都宣称自己是"以教育为重的总统"。

你觉得推动青少年犯罪的是a.经济因素还是b.社会因素呢?

▶▶▶ 价值标准

人们不喜欢谈论价值标准，以为那些是显而易见的，以为大家都有崇尚自由等相同的基本价值标准。但价值标准带有个人性质，讨论起来有点像讨论私人问题。

虽然可能得不到一个确切答案，但当讲者提出一个观点时，你可以问问对方依据了什么价值标准："在您对监狱和惩罚措施的看法中，您的主导价值标准是什么？"

对方列出的价值标准可能包括：正义、保护社会、威慑、赔偿、让罪犯改过自新、社会成本。接下来你可能会问，在这个讨论背景下，这些价值标准如何排序？哪些标准更重要？哪些是主导标准？

关于价值标准的问题可以以单项选择题的形式提出来："集体利益和个人道德原则哪个更重要？"

▶▶▶ 想法的依据

这是一个关键问题。有人提出一个观点，听者听完，理解了所说的内容，然后问道："您这个想法的依据是什么，是基于您的感受、决定，还是提议？"

讲者可能会觉得已经把依据说清楚了，也可能会给出笼统的回答：a. 明确的理由；b. 个人经历；c. 实用主义；d. 有做某事的需要；e. 愤怒感；f. 同情心；g. 人类价值观。

通过进一步发问，听者可能会试图让讲者说得更为明确：什么亲身经历？为什么需要做某事？对什么感到愤怒？同情谁？

〉〉〉 小结

（1）提问是对话或讨论中互动的关键手段。听者应该力争发问。

（2）提问是一种"引导注意力"到某事的方式。提问是提出要求的礼貌方式。

（3）对于射击式问题，发问者知道将得到"是"或"否"的答案。这样的问题起检验作用。

（4）钓鱼式问题很开放，发问者不知道会得到什么答案，只知道答案与问题相关。

（5）被提问的人可能会给出答案，不知道答案，猜测答案或对问题提出挑战。

（6）在质疑支持某个论点的信息的有效性和来源时，提问至关重要。

（7）为了就一个具体内容获得更多相关细节和阐述时，提问很重要。

（8）官方解释或个人解释，你都可以询问。

（9）可以通过提问要求对方提出可能性和替代选择，并确认你自己的看法也有道理。

（10）可以通过提问来检验你对所提出观点的修改是否能被接受。

（11）可以将问题设计为单项选择题。

（12）可以询问讲者在依据什么价值标准以及其观点的根本依据。"您思考的依据是什么？"

第二部分

优美思考的能力

EDWARD DE BONO

第 8 章
平行思考和六顶思考帽

约 2400 年来，我们一直满足于将辩论作为一种思维方式。这种方法是由"古希腊三贤"，即苏格拉底、柏拉图和亚里士多德发展而来的。

辩论是一种很好的思维方式，对我们很有帮助。同时，正如我们所见，辩论也并不复杂。各方提出一个各自的"立场"，然后努力为己方辩护，并试图证明对方的"立场"是错误的。简而言之辩论就是在说："我是对的，你是错的。"

在辩论中，人可能有很强的获胜动机，因为辩论带有一种攻击型的动机，而实际上辩论双方对主题没有深入探讨。如第 2 章所述，公诉人在法院不会提及有助于被告人的论点，当然也不会花心思去找它。辩护律师对原告人也是如此。

我们辩论并不是因为我们认为它是一种非常棒的思维方式，而是因为我们不知道还有什么其他选择。

1985年，我设计了另外一种思维方法——平行思考。该思维方法现在广泛运用于商业和教育领域，从4岁的孩子到国际大企业的高管都在用。一家企业过去在讨论跨国项目时要花30天时间，运用平行思考，相关人员在2天内就能完成讨论。过去，一家矿山的工资谈判需要3周时间，运用平行思考，现在45分钟内就可以搞定。有一次，一个工会对管理层表示，除非运用平行思考，否则他们拒绝谈判。西门子股份公司估计，他们运用平行思考将会把产品研发时间缩短50%。美国的一些法官也让他们的陪审团运用这种方法，结果令人非常满意。

家庭讨论中也会广泛运用这种思维方法，因为这种思维方法允许各方都提出自己的想法。

平行思考与"自我驱动"和"胜负导向"的辩论非常不同。那些习惯了平行思考的人再用辩论这种方法的时候，会觉得辩论非常原始。

在一所学校中，教职工在自己的讨论中运用平行思考，并向学生传授了这种思维方法。一天，有访客们加入教职工的讨论，但他们不知道这种方法，所以教职工又恢复运用一般的辩论方法。教职工后来反馈说，现在看来辩论这种方法很粗糙，无法令人满意。

>>> 合作探索

想象一下有 4 个人站在一座方形建筑物的四边，每个人看到的都是不同的一面，每个人都坚持认为他所看到的才是建筑物真正的样子，并通过对讲机争论不休。

在平行思考之下，每个人都先走到建筑物的一侧，描述他们眼前所见。之后他们都会走到建筑物的另一侧，再次描述他们眼前所见。之后他们再去建筑物的第三侧、第四侧。

如此，每个人都从相同的角度研究了问题（问题就是建筑物），并给出他们的看法。最后这座建筑物被全面地探索。

从工作方法上来说，任何时候每个人都需要以"平行视角"朝着同一个方向看。

≫ 六顶思考帽

1985年,我设计了六顶思考帽来更好地思考问题,这种方法有助于加强谈话效果,培养美丽的心灵。

我用六顶彩色思考帽的比喻来确保思考或讨论同一问题的成员在任何时候都站在同一个视角。这六顶思考帽的颜色分别是白、红、黑、黄、绿、蓝。必须确保每个人在同一时刻都戴着同样颜色的思考帽。大家分别戴不同颜色的思考帽,就大错特错了。

为什么要戴思考帽?

因为思考帽可以轻松而有意识地被我们戴上或摘下。

在帽子和思考之间建立起关联——"戴上你的思考帽。"

可以用帽子来分配角色,比如"我现在戴的是警察的帽子(或我父母的帽子)"等。

没有必要真的戴上一顶帽子。现在在全球各地,许多企业的董事会会议室里,都在墙上贴着帽子海报,或在桌子上摆放着象征性的小帽子。不过,这些帽子都是比喻。

白色思考帽

白色思考帽容易让人联想到纸张和打印材料。白色思考帽的意思是"信息"。用白色思考帽时,每个人都在关注信息。

平时我们可能是你说你的,我不同意,现在可不再是这样了。用白色思考帽的时候,大家都在用平行视角关注信息。

我们知道什么?

我们需要知道什么?

手头缺什么信息?

我们应该问什么问题?

我们如何能够获得所需信息?

信息包括可以检验的"硬事实"(客观事实)和从传言到个人经历等的"软事实"(非客观事实)。如果两条信息出现冲突,则把两条信息放在一起看。例如,"飞往纽约的最后一趟航班晚上9:30起飞"和"飞往纽约的最后一趟航班晚上10:30起飞"这两条信息都被提及了，只有在需要检验哪一条可能是正确信息时，才去投入精力检验。

现在，每个相关人员都在全力探讨主题，并列出可用的信息和所需的信息，而不再只是根据个人的角度和需要来寻找信息。

这就像是在要求每个人都"向北看"并说出自己看到了什么。现在每个人都努力尽可能准确地描述摆在眼前的信息。

红色思考帽

红色能让人联想到火和温暖。红色思考帽代表情绪、感受和直觉。

这是一顶非常重要的思考帽。在正常的思考过程中，你的感受和情绪不应该被掺进来。当然，情绪的确会参与思考，只不过被你伪装成了逻辑。因此，如果不允许在思考的时候带有情绪，那情绪就会影响你所有的思维。

红色思考帽表示允许情绪和感受加入思考过程，它让情绪合理存在，让情绪有了一席之地：

我根本不喜欢这个主意。

我的感受是这根本行不通。

我的直觉是提高价格会破坏市场。

我的直觉是这样很危险。

我觉得这是浪费时间。

非常重要的一点是,在红色思考帽状态下,你根本不必为自己的"感受"提供任何理由,只需表达你的感受。感受存在于你的体内,需要表达出来,这是因为在很多情况下,感受背后的原因并不清楚(和直觉一样),如果说不出原因,人们就不会去表达自己的感受。所以就不应该要求表达感受时要给出任何理由——即使这些理由是已知的。

直觉的基础可以是某个领域的经验。例如:

我的直觉是她是这份工作的合适人选。

我的直觉是这个项目的成本会迅速上升。

我的直觉是这个决定受到了办公室政治的影响。

我的直觉是经济将在下个季度开始好转。

直觉是一个复杂的判断。思考者在做判断时,甚至可能都没有意识到哪些因素在起作用。直觉通常是正确的——但也并非总是如此。当有人向爱因斯坦解释维尔纳·海森堡（Werner Heisenberg）[①]的不确定性原理[②]时，爱因斯坦说他的直觉是大自然不是这样运作的，"上帝可没有和宇宙掷骰子玩儿。"后来爱因斯坦的直觉被证明是错误的，因为直觉最终只能建立在个人经验和个人思考的基础之上。

然而，直觉在思考中是一个有用的要素和组成部分。在有些领域，必须凭直觉做出决定，因为别无他法："我的直觉是，这个提议不会被双方接受，冲突会继续。"或者，"我的直觉是，这种着装风格不会流行。"

当没有其他方法可以检验某事时，直觉就会发挥重要作用。在其他时候，直觉是需要考虑的一个因素。

黑色思考帽

这是在一般行为中最常用的思考帽。黑色思考帽

[①] 德国著名物理学家，量子力学的主要创始人。——编者注
[②] 不确定性原理表明，粒子的位置与动量不可同时被确定。——编者注

是"批判性思维"的基础。"批判"一词来自希腊语"kritikos",意思是"法官",批判性思维就是判断式思维:这是对还是错?总体而言,黑色思考帽是辩论和西方思维的基础。

黑色思考帽很优秀,可能是所有思考帽中最有用的。黑色思考帽阻止我们做错误或危险的事情。

在黑色思考帽模式下,我比较喜欢用"谨慎"这个词。其他会用到的词还可能包括"小心"或"风险评估",还有我们可以问自己:"这合适吗?"

这符合我们的价值标准吗?

这和我们的资源匹配吗?

这符合我们的战略和目标吗?

这符合我们的能力条件吗?

黑色思考帽可能会指出危险和问题,但它并不因此是顶"坏帽子"。同理,发现和治疗疾病的医生也不是坏人。在船上瞭望并发现前方有礁石的人可是个大好人!

可以以不同的方式利用黑色思考帽:

指出逻辑中有错误（这点说不通……）。

指出不正确的信息。

指出过错和不足。

指出为什么有些东西不合适。

指出"不利因素"。

指出潜在问题。

一般来说，黑色思考帽涵盖了所有需要"谨慎"的方面。

黄色思考帽

黑色思考帽在我们的辩论和其他方面的文化中是一个重要组成部分，也是教育的重要组成部分。因为教育的目的是告诉年轻人"世界到底是怎样的"，他们有做得不对的地方，需要让他们知道。

相比之下，黄色思考帽几乎完全被忽视了。戴着黄色思考帽时，我们寻找的是价值、利益以及某事应该行得通的原因。

思维的这个积极面在很大程度上被忽视了。

我们需要培养"价值敏感性"，就是说要对价值敏感，否则发挥创造力可能是浪费时间。我参加过多个创意讨论会，会上产生了很多好的想法，但即使是产生想法的人也看不到他们自己想法的全部价值。

价值敏感性是指在观察事物时以寻找其中的价值为目的。我们总是随时做好了准备挑错，但没有做好寻找价值的准备。这种一边倒是负面的。

在黄色思考帽模式下，可能会出现重大洞见。人们可能会突然发现以前从未注意过或不太明显的价值标准。黄色思考帽向每个人发出了努力寻找价值的邀请。

假设有人强烈反对别人提出的一个想法。在黑色思考帽模式下，那个人指出了这个想法的所有风险和缺点。然后轮到黄色思考帽模式，每个人都应该去寻找价值。如果那个人看不到这个想法的任何价值，而其他人都能看到，那么这个人就被认为不大聪明。每个人都能看到其中的价值，你为什么看不到呢？这与辩论迥然不同，辩论的时候你根本不会努力在你不喜欢的想法中寻找价值。但在黄色思考帽模式下，每个思考者都要接受寻找价值的"挑战"。

在辩论中，展示能力靠的是占据上风，攻击对方的观点，并捍卫自己的观点；而在平行思考中，靠的是在每一顶思考帽的模式下都争取更卓越的表现。也就是说，在黑色思考帽模式下，你比其他人想到的需谨慎对待的点更多；在黄色思考帽模式下，你比其他人发现的价值点更多。如此一来，所有可用的脑力都被用来努力地、开诚布公地彻底探讨主题，讨论不再是为了证明自己或赢得辩论。在实践中，辩论和平行思考这两种思维方式之间差异巨大。

你买了一辆昂贵的汽车，会往它的油箱里加劣质汽油吗？

为什么付高薪给非常聪明的人，却只得到他们的部分想法？平行思考鼓励每个思考者"全面而客观"地思考问题，所以在商业中的应用越来越多。

想象一下，现在正在召开董事会会议，围坐在会议桌边的都是非常聪明并且经验丰富的人。有人在发言并提出策略。其他人在做什么？大多数情况下，他们都在努力挑错，以此种方式做出贡献，展现自我。强大的脑力却仅被用于吹毛求疵，这是多么大的浪费！

为什么高薪聘请了人才，却选择只利用他们一部分的思考能力呢？

绿色思考帽

想想生长和能量，想想植被分枝、抽芽，想想创造性的能量。

绿色思考帽是制造帽、生产帽、创意帽。

黑色思考帽和黄色思考帽做判断，白色思考帽寻找信息，红色思考帽表达情绪、感受和直觉。

绿色思考帽寻求想法、替代选择、可能性和不同方案。

我们可以做什么？有哪些选择？

为什么会这样？有哪些可能的解释？董事会主席可能会说："我们需要一些新的想法。"或者，"有一些明摆着的选择了，再想几个新的。"或者，"现在我们需要的是'绿色思考帽思维'。"

绿色思考帽邀请人们发挥创造力。如果一个人有了想法，而其他人都准备扑上去发起攻击，创造力就无法得到发挥。现在，发挥创造力是一种正式的请求。在绿色思考帽模式下，创造性思维发生在具体的时间、地点，每个人都被期望做出贡献，每个人都会受到挑战，"现场做出回应"。你需要付出创造性的努力，做出创造性的贡献。否则，你就什么也别说。

在实践中，一个特别有趣的现象是，那些从不认为自己有创造力的人突然做出了创造性的努力，发现自己比自己想象的更富有创造力。从未在严肃会议中随时插入创意的人现在发现，当发挥创造力成为对每个人的"期待"时，他也可以产生新的想法。

这些想法可能在其他地方正在实施，可能是一个人已经考虑了一段时间的想法，可能是在会上的人自发产生的创意，也可能是在正式和刻意使用激发和随机词等水平思考工具时产生的新想法。

寻找替代选择的时候，应始终将显而易见的选择包含在内，然后去找不太明显的选择，并尝试产生新的选择。简单且几乎显而易见的想法与标新立异的想法一样有用。

有的新想法一表达出来就逻辑很强，有的比较靠谱，有的比较牵强，有的已经近乎是幻想（但仍然可以用于激发好的想法）。

一旦养成了用绿色思考帽发挥创造力的习惯，这顶思考帽带来的生产力会令人意想不到。

蓝色思考帽

想想"蓝天"和全局。蓝色思考帽就像管弦乐队的指挥，它的作用是组织其他思考帽，组织思考。

蓝色思考帽与过程控制有关。

在讨论开始时，蓝色思考帽有两个主要功能。首先是定义问题和目的。

我们在这里是为了什么？我们在想什么？最终目标是什么？

会议开始时，蓝色思考帽的第一个功能是定义问题和目的。可能会考虑还有没有其他问题甚至子问题。每个人都可以参与讨论，提出建议和意见，最后由会议主席做出决定。

会议开始时，蓝色思考帽的第二个功能是决定会议过程中使用不同颜色思考帽的顺序。这又是一个需要讨论的问题。

我们按什么顺序使用思考帽？

在讨论过程中，蓝色思考帽在很大程度上发挥的是控制功能。例如：

现在是黄色思考帽模式,但你说的是黑色思考帽的话。

在红色思考帽模式下你只需要表达感受,不需要给出感受背后的原因。

这是绿色思考帽模式,我们需要一些新的想法。

蓝色思考帽还可以调整已经定好的思考帽的顺序。例如,如果红色思考帽模式下大多数人不喜欢某个想法,那么可以把黑色思考帽也摆出来,让人们解释不喜欢这个想法的原因。因此,蓝色思考帽可以对其他思考帽的顺序进行调整。

会议末段,蓝色思考帽还有一个重要的功能,即汇总讨论结果和方案,也就是会议取得了什么成果。

如果会议没有取得任何成果,那么可以提出没有取得任何成果的原因:"我们需要更多这方面的信息"或者"缺乏摆脱困境的建议"。

最后,蓝色思考帽还会列出下一步的工作,可以是进一步思考或采取行动。如果需要更多信息,那么就要确定用什么方法获取所需的新信息。

讨论开始和结束时的蓝色思考帽就像两个书挡一样,

把思维过程夹在中间。我们为什么来讨论？我们取得了什么成果？

尽管蓝色思考帽欢迎讨论和建议，但最终决定权在领导者手中。

思考帽的使用

思考帽是一种强大而中立的象征，是对某种思维方式提出的要求。

"这是很棒的黑色思考帽想法，现在咱们在这个问题上加上一些黄色思考帽的想法。"

"把你的红色思考帽给我。"

"这里的白色思考帽是什么？"

这样的请求确实也可以用日常用语表达，但人为设定的六项思考帽提供了更强大的"代码"。

"请来点绿色思考帽的想法"要比仅仅要求大家更多地使用创造性思维更强大。

"你这里的红色思考帽是什么？"比要求某人表达他们的感受更有效——一般人都不习惯表达自己的感受。

因此，这些思考帽可以单独用作请求进行特定类型思维的代码。

也可以通过预设思考帽的顺序来探索主题。顺序可以根据思考的目的不同而有所不同：探讨问题；解决问题；发挥创造性思维；解决冲突；设计方案。针对不同目的，思考帽的顺序可以进行调整。

六顶思考帽提供了辩论之外的另一种思考方法，让参与者可以共同探索主题。这个方法要求每个人充分探索主题，而不仅仅是提出和捍卫自己的立场。这是一种快速转换思维的方法，提供了请求使用特定类型思维的途径。六顶思考帽用彻底探索主题的挑战取代了辩论中的"以自我为中心"和"攻击性"，让人们最大限度地发挥自己的能力。

使用六顶思考帽的方法，会议时间可以缩短到原来的五分之一甚至更少。这种方法易于学习和使用，4岁的孩子和高管都能用。人们不再仅仅因为没有其他讨论方法而只能选择"唇枪舌剑"地辩论。

》》 小结

（1）在传统的辩论中，各方都会准备一个立场，然后努力为自己的立场辩护并攻击对方，对主题本身的实际探讨十分有限。

（2）平行思考用对主题的共同探讨取代了辩论的"唇枪舌剑"，因为各方在任何时候都在"平行"思考问题。

（3）思维方向由六项思考帽表示，每个颜色的思考帽代表一种思维模式。在任何时候，每个人都"戴着"相同颜色的思考帽参与讨论。这就是所谓的"平行思考"。

（4）白色思考帽表示关注信息。我们掌握了什么信息？需要什么信息？如何获得我们需要的信息？

（5）红色思考帽敞开可表达感受、情绪和直觉的大门，表达者无须说明感受背后的原因。

（6）黑色思考帽代表"谨慎"，关注点是缺点、弱点、可能出错的地方以及一样东西"不适合"的原因。

（7）黄色思考帽的重点是价值观、利益以及做事方法。

（8）绿色思考帽为创造性努力设定了时间、空间和期望。在绿色思考帽模式下，每个人都应该做出创造性努力。

（9）蓝色思考帽与思维的组织有关，即需要设置讨论焦点并汇总结果。

（10）思考帽可以单独使用，请求使用特定类型的思维。这可以让思维被快速转换。

（11）探讨主题的时候可以预设思考帽的顺序，顺序会因所需的思维类型而异。

（12）六项思考帽确保每个人都在充分利用他的思考能力来探讨相关主题。如果你想要"炫耀能力"，就得在每顶帽子的模式下都比别人表现得更优秀。

第9章
概念

概念是思维的重要组成部分。要想说出你的美，就要有处理概念的能力。然而，大多数人都觉得"概念"含糊、抽象、很学术，在美国尤其如此，美国人渴望得到的是立刻能做的具体指令。

概念是具体想法之母。如果能找到一个孩子的母亲，那么你就能找到那个孩子的兄弟姐妹甚至其他亲戚。

有一次，澳大利亚一个小城市的市长跟我说了他们那里的停车问题，很多通勤者早上开车进城，白天把车停在路边，导致购物者去商店时没地方停车。

停车计时器的操作"概念"是什么？可能是"从停车需求中获得收入"。停车计时器可能可以获得收入，但这可能不是其主要目的。另一个概念可能是"让尽可能多的人在一天内使用同一个停车位"。这似乎更有可能是主要目的。现在，如果以此概念为出发点，可以换一种方式来"实施"这个概念：不设停车计时器（节省了建设费用），允许在标记空间内随意停车，但要求一直开着车大灯！

这种情况下你不会长时间在路边停车，因为这样会耗尽汽车的燃料或电池中的电。所以在路边停车的人会抓紧时间进商店，尽快买完东西，把车开走。当然，这个想法有很多实际缺陷，比如健忘的人可能会忘记开车大灯，但在特定区域停了车。

> 我们每天都吃"食物"，但真的吃过"食物"这个概念吗？你吃的是牛排、鸡肉、草莓等，我们吃的是特定种类的食物，而不是"食物"这个大的概念。"食物"是概念，"汉堡包"是特定种类的食物。

>>> 认清概念

认清概念的主要作用之一是让我们能够从概念中"培育"出其他想法，比如也许还有其他方法可以"最大限度地利用有限的停车位"。

解决城市交通拥堵的措施大多都有一个重大缺陷。

如果是通过鼓励人们把私家车留在家里来减少交通流量，那么受益最大的是那些仍然开车外出的人——反正现在交通更加顺畅了。

所以我们设立了一个"概念目标"，即如何奖励那些不开私家车上路的人？

一种方法是要求每个想开车进市区的人购买特别许可证贴在车上。每个车主都有权购买 1 张许可证，但开车进入市区需要 3 张。那怎么办呢？从把汽车留在家里的人那里购买另外 2 张。这个人现在因为没有开车进城而"得到了报酬"。

如果许可证稀缺，价格就会上涨，只有那些愿意支付溢价的人才能开车进城。这里的操作概念就是"为开车进城定价"。"为开车进城定价"的概念可以通过另一种方式实施，比如拍卖有限数量的许可证。不过，这种方式并没有奖励那些把车留在家中的人。

▶▶ 抓取概念

我们来举个例子：意外保险的概念是什么？

这个概念可能是，所有可能遭遇意外风险的人资助确实遭遇了意外风险的人。

再来一个例子，家养的狗、猫和兔子都在"宠物"这一概念下，这个概念还可能包括金丝雀和小白鼠。如何定义宠物这个概念呢？

你可能会说宠物是"除了用来宠爱没有其他实际目的的家养动物"。

这并不完全正确，因为你养的猫可能会抓老鼠，狗可能会看门。所以我们可能会修正一下这个概念："以用来宠爱（包括陪伴）为主要目的的家养动物"。

听别人说话时，要努力抓取对方所用的概念。概念是言之本质，就像对说话内容的缩写、速记或小结一样。

以一场教育研讨为例，研讨中人们针对教育变革提出了建议。你认为你从所提建议中提取出了以下概念：

"关于教育，旧的概念是培养有文化的通识人才，以后可以通过学习从事相关工作，为培养这样的'人才'，要教授很多科目。新的概念可能是让年轻人具备在社会中发挥作用并为社会做出贡献的能力。这意味着需要更强调思维技能，学习更多创造社会价值的方式，更多地学习实用数学等。是这样吗？"

有 2 个词似乎确实可以描述这 2 个概念："通识教育"

和"功利教育"。不幸的是,"功利"这个词具有局限的负面含义。它给人的感受是教育学生就是直接培养他们去当木匠、水管工或商店店员等在具体岗位上的工作人员。这与教授思维技能或在社会中创造价值有很大不同。如果确实存在概念词,我们就有可能被迫以它们为标准来看待事物,这样的情况经常出现。事实上,上述讨论中建议的教育类型介于现有的"通识教育"和"功利教育"概念之间。

直接教授思维也有这种情况。教育者会说:"哲学就在教授思维啊。"但根本不是这样的。哲学不教授思维的实操。尽管哲学确实教授逻辑,这也只是日常思维的一小部分,而在日常生活中,感知往往比逻辑更重要。

当你认为已经从对方的话中提取出概念时,你可以问一个问题来加以检验:"在我看来,这里的概念是×××。是这样吗?"

▶▶▶ 模糊概念

概念总是显得相当模糊。想象一下汉堡包,你能看、能吃它。而概念模糊的"食物",你则不能。你可以去宠物店买小狗或小猫,但不能去购买"宠物"这个模糊的概念。

在日常生活中,你可能无须考虑"概念"也能过得很好,但如果要产生新想法、设计前进道路或理解复杂情况,那就需要培养"概念技能"。

"奖励"这个词是一个概念。奖励可能有多种形式:一个微笑、奖状、金钱奖励、奖品、认可、晋升等。奖励是对努力和成就的赞赏,是一个模糊,但非常有用而实际的概念。

假设管理者想要奖励员工。奖励这个概念首先出现,然后管理者需要弄清楚如何奖励以及什么样的奖励对员工最有意义。

你要短途出行,知道要走的路线,就不会有意识地说:"现在我正往北走。"你会走你熟悉的路,而这条路刚好向北。但是,如果你要开启长途旅行,而且不熟悉路,那么所需的指示可能是:"向北开,到卡斯尔福德(Castleford)再向东开,然后可以一直开到特伦斯(Terence)。"这种情况下大方向非常重要,这与概念完全相同。

在处理熟悉的事情时,似乎不需要概念(即使概念仍然存在）。在处理不太熟悉的事情时，概念就变得非常有用。

"不要跟我说买'吃的'，说清楚具体要我买什么吃的！"

尽管你通常都会穿着内衣，但不会外穿着内衣上街。虽然内衣一直都被你穿着，但平时是看不到的。概念也一样，它总是存在的。概念是我们所做的具体事情的基础，即使我们没有意识到概念的存在。

>>> 概念分级

这是认知概念时的另一个困难。

我们用的是哪一级概念？

"食物"是一个概念，而"蛋白质"也是一个概念，甚至可以说"牛排"也是一个概念，因为有许多不同类型的牛排。所以从宽泛到具体，有三级概念，怎么才知道要用哪一级呢？

选择使用哪一级概念没有简单的法则。

有时适合用宽泛的概念。援助机构可能会说："人们需要食物和住所。"这可能表明任何种类的食物都可以。

在爱尔兰大饥荒（19世纪40年代由病害马铃薯腐烂引起的饥荒）期间，英国政府送去了小麦，但由于爱尔兰人不知道如何利用或食用小麦，所以这一救助措施没有发挥作用。

总的来说，太宽泛的概念没有多大用处，对比不同概念时则例外，例如，我们的教育基础应该是"奖励"还是"惩罚"？在这里，宽泛的概念就够用了。

与宽泛概念相对的是非常具体的概念，几乎就是具体想法或事物了。"牛排"是一个具体概念，它不包括鱼、鸡肉和意大利面等很多东西。概念过于具体的危险在于它们会缩小思维范围。

如果管理者只考虑"金钱奖励"而不是"奖励"这样的大概念，可能不会意识到一个微笑、一句赞赏的话或某种形式的认可对员工来说可能比金钱更重要。

"成就"是一个宽泛的概念。年轻人需要成就。如果我们把这个概念缩小到"体育成绩优异"，那么我们可能会建造更多的体育设施，但很多年轻人对运动不感兴趣，而且也可能有更低成本的方式来创造获得成就的机会。

选择哪一级概念的一般规则是不要太宽泛，也不要太具体。在实践中，可以尝试不同级别的概念，找到看起来最有效的那一级，你会逐渐"摸"到合适的级别。

>>> 概念分类

概念可以分级，也可以分类。

有人想出了一个新的经营理念，打造没有餐厅的"快餐"。例如，由中央厨房制作高性价比标准化"皮特快餐"（Pete's Food）。可以在任何餐厅的橱窗上打广告："同时供应皮特快餐，不额外收取费用。"这里涉及的是什么概念？

这里有经营的概念——利用其他餐厅的场地，无须自有高成本店面。因为点餐选择有限，产品是标准化的，所以浪费更少，规模经济效应更大。只需一个中央厨房，无须在多个连锁店分设厨房。还有"品牌"的概念。这种品牌宣传投入方式，任何一家传统餐厅都做不到。该品牌的快餐到处都有，因此可以培养客户品牌忠诚度。

这里面还有客户价值的概念。大品牌让人放心，品质有保证，有可预测性，无论在哪购买，都有品质保障。价格也不会有浮动，客户知道统一价格是多少。事实上，皮特快餐几乎具备了传统快餐连锁店的所有重要特点。

就餐环境可能无法保障，但即使有这个问题，也可以通过抽检和制定标准来解决，这样不达标的餐厅就没有资格供应皮特快餐。

这里还涉及交付的概念。这是经营的一个关键部分，如果不能"交付"，一个创意再伟大也没用。这里的交付概念就是利用别人的餐厅场地，可以每天送货，如果产品可以存放，这就可以降低交付的频率。

这里可能涉及经营的概念：为什么这是一项可以赢利的业务？

有机制或交付的概念：实际上如何操作？

有一些价值的概念：对顾客而言，真实的和感知的价值分别是什么？

有信息的概念：人们如何了解到这样的快餐？

有接受的概念：人们为什么要接受这种做法？

有竞争的概念：竞争对手可能会做什么，将如何影响皮特快餐？

简而言之，概念有不同的类型。每个领域都有其具体的想法，也都有其自己的概念。

>> 练习

概念很难把握。养成良好的概念习惯并不容易。但是,与其放弃美丽心灵中这一最重要的组成部分,不如花一些精力来培养这个习惯。以下这个练习能有所帮助。

努力在以下每个词中抓取一个或多个概念。你可以独立完成,也可以与其他人(或在小组内)展开比较和讨论,尝试抓取主要的操作概念,还可以尝试抓取不同类型的概念:

酒店

假期

互联网

鞋

电话

楼梯

广告

银行

酒吧

律师

>> 概念的完整性

概念很少是完整的。概念捕获的是核心"本质",但可能不会涵盖所有方面。

树的概念是什么?

一种集中接收能量(来自太阳)以及水和养分(来自土壤)的方式。

一种将大量感光材料(绿叶)聚在一起的方式,比铺散在地面(草)的方式更有效。

一种在竞争环境中(灌木和其他树木阻挡阳光)将感光材料(叶子)升到地面上的方式。

具有长期生存能力的生物。有些树可以活800年。(对比草的短寿。)

这些都是有效的概念。没有哪一个能包罗万象,取而代之的是一系列相关概念,可以尝试把这些概念全部集中到一个概念里,不过最终这个概念可能很复杂,而且仍然远不完整。

尽管概念与定义确有重叠,但不尽相同。斑点狗的定义可能是"白底黑斑点的狗"。当然,育犬员会告诉你,斑点狗的特点远不止于此。比如具体来说,斑点狗的尿液中有一种特殊的化学物质,而其他狗的则没有。斑点狗的概念也可能是"一种外表特点显著的狗,友好且易于训练"。

选举的定义可能是"一个群体表达的选择"。选举的概念可能是"一种机制,在此机制下,有选择权的人以客观的方式表达他们的选择,并愿意接受这种选择的结果"。"愿意接受"这部分似乎没有必要,但实际上是这个概念的关键组成部分。

≫ 比较和对比

一旦你习惯了运用概念并从所说(或所写)的内容中提取概念,就可以开始对概念做比较和对比。

这个概念与那个概念有何不同?两个看似不同的概念实际上是否相似,是否只是同一个更宽泛的概念的不同表达方式?这个概念真的变了,还是只是微调了一下?这个概念实际上是否包含了另一个概念(不同级别的概念)?运用概念时会涉及不同的视角和感知。

"公共交通"的概念是什么?"公共"部分重要吗?这是否暗示了"使用而不拥有"的概念?许多人在相对较小的出行空间里前往目的地这一特点是公共交通的关键组成因素吗?公共交通是高密度出行。如果公交车上的每个人都必须下车开自己的车,那将占用更多空间。

公共交通的概念是"按需付费"吗?你不必自有公交车或车库,或是维护车辆,可以少量多次购买交通服务。公共交通也有负面的概念——时间和起点都不能按需供应,目的地选择灵活性有限,缺乏隐私等。

▶▶▶ 小结

(1)概念是思维的重要组成部分,也是美丽心灵的关键要素。

(2)概念就像养育孩子(即想法)的父母,又像岔开几条道路的一条主路。

(3)概念对产生想法和规划前进方向很重要。在没有常规可依的情况下,概念必不可少。

(4)需要设法找出所说(或所读)的内容背后的概念。"这里涉及的概念是什么?"

（5）一旦能抓取概念，就可以对概念进行比较和对比。"它们真的不一样吗？有哪些不同点？"

（6）概念总是显得模糊不清，因为它们必须先被转化为具体的想法，才能使用。

（7）你可能在毫不自知的情况下运用概念。

（8）可能有不同类型的概念：经营概念、价值概念、机制概念、运营概念等。有想法的地方就有概念。

（9）概念分不同的级别，从非常宽泛到非常具体。一般来说，中间级别的概念用处最大。

（10）概念并不总是完整的，但包含了所想或所做之事的重要方面。

（11）概念、定义和描述确有重叠。描述需要全面、下定义和做区分。概念寻求提炼本质。

（12）用概念来思考的技能要通过练习才能获得。你需要投入部分精力来关注自己和他人在使用什么概念。

第 10 章
替代选择

替代选择对于拥有美丽的心灵非常重要,即使在前面的章节中已经提到过,也仍然值得独立成章。几乎可以说,创造替代选择的能力是衡量心灵是否美丽的标准。

为什么替代选择如此重要?

替代选择与僵化思维相反,不愿寻找替代选择表明头脑非常僵化,从不谋求更好的世界观或更好的做事方式。这种头脑僵化的基础是傲慢自大和自我袒护。

替代选择也与自满正相反。如果你对自己的现状感到满意,想象不出还有什么需要改进的地方,你就不会努力寻找替代选择,甚至都懒得听别人解释这些替代选择。能否获得进步、活力、改进和实现简化,都需要看有哪些替代选择。

你知道有问题存在,并且想要解决这个问题,就会投入大量的时间和精力。

但如果没有问题呢?要是你鞋里没有硌脚的石头

呢？要是没有让你头疼的问题呢？还有思考的必要吗？

从某种意义上说，满足于一种令人满意的做事方式与传统上的问题一样，都是问题。这已经是最好的方式了吗？是否因为已经有了某种做事（或看待事物）的方式，就不需要进一步思考了呢？

寻找更佳选择

想象一个为青少年设计的电视游戏。地板上放了一些鸡蛋，距离一条红线约6米。2名男生一组结对合作，任务是把所有的鸡蛋都运到红线后，而且不能让鸡蛋破损。用时最短的团队获胜。

第一组的2名男生一起跑出去，每人每次拿几个鸡蛋，返回红线。2个人来来回回，匆匆忙忙，努力做到最快。

在第二组中，一名男生站在红线后，另一名男生站在鸡蛋那里。后者把鸡蛋一个个捡起来抛给前者，前者接住鸡蛋，放在红线后面。过程中，有一两个鸡蛋掉在地上摔破了。

在第三组中，一名男生脱掉衬衫铺在鸡蛋边上，两名男生同时把鸡蛋往衬衫上放，然后一人抓起衬衫的一端，把衬衫和上面的鸡蛋像吊床一样拎起来，将鸡蛋运回红线。

在第四组中，两名男生都脱掉衬衫铺在地上，把鸡蛋往上放，然后各自把装着鸡蛋的衬衫拖回红线。

这些都是完成任务的替代选择。最终获胜的是第四小组。

在这种特殊情况下，没什么固定、常用或常规的方法，因此我们面临的挑战是自己去找方法，并且由于在这个情况下，速度是给定值，因此任何能提高速度的方法都是"更佳"的方法。

在这个例子中，努力寻找"更佳"方法的行为得到了回报。这对现实生活有什么启示呢？首先要注意的是，在大多数现实生活情景中（除问题以外），已有一种已知的做事方法。不需要像在比赛中那样去"找"方法。如果必须要找到一种方法，你就可能会去寻找替代选择。如果已经有现成的方法，为什么还要去折腾呢？只有你意识到替代选择的价值并有动力去寻找替代选择，你才会主动去找。

在上述比赛中，"速度"是衡量"更佳"的标准。在现实生活中，很少有只有一个"更佳"的衡量标准的情况。以更佳的方式做事可能涉及许多价值标准，包括成本、速度、安全感、培训、变革的阻力。这些都是需要考虑的标准和因素。

重点是，有一种做事的方法并不意味着这个方法就是做这件事的最佳方法。

多年前，在英国邮政总局的一次研讨会上，我提出没有必要给邮票设定不同的面值，邮票上只需印有"一等"或"几等"标志就可以了。购买邮票时，只需支付不同等级邮票的现行价格，邮票票面无须改动。一段时间后，邮政总局真就这样改了。我无法证明是我的提议促成了这种改变，但事实是我确实提出过这个想法。此举改变了英国几十年的邮政传统。

1971年，我在伦敦为壳牌石油公司（Shell Oil）举办了一个研讨会。我提出在传统钻井方式之外可能还有别的方式。可以垂直钻至含油层，然后沿水平方向继续钻。今天，全球几乎所有的油井都是这样钻的。为什么？因为采用这种新的方式，每口井的产油量是从前的3~6倍。这是非常成熟的传统石油钻探方式的替代选择。我不能证明这个想法是从我的研讨会得来的，可能其他人也一直在独立研究这个课题。尽管如此,这个替代选择是在其得到应用之前被想出来的(不管这个想法最早由何而来)。

在上述 2 个例子中,传统做事方式都发生了巨大的变化。

实际过程分为 3 个阶段:

阶段 1:有意愿寻找替代选择,即使是在最传统的情况下。某种做事方式由来已久,并不意味着它是最好的方式。

阶段 2:为创造替代选择做出创造性努力。可能会产生不止一种选择,这取决于创造性技能和水平思考等的运用情况。

阶段 3:评估替代选择。评估的第一步是看替代选择是否真的有效以及是否可以接受。评估的第二步是确定替代选择能提供哪些好处以及这些好处是否足以补偿变革的代价。评估的第三步是在已产生的不同替代选择中选定一个。

很多人觉得这个过程太开放了。可能付出了很多努力，最终却没有得到更好的选择。很多人觉得这个过程要求大量地开动脑筋，但他们不愿意费神。这里面还有风险因素：如果替代选择在实践中效果更差，那该怎么办呢？

所以大多数人宁愿不去寻找替代选择。然而，别人可以因为你没有解决问题而责怪你，但不能因为你努力之后没找到更好的做事方法来责怪你。

在一般的日常谈话中，没有这种风险。你可以尽管提出可能的替代选择，因为你知道无须对这些选择的评估或实施负责。你可以扩大寻找替代选择的范围，因为现实检验没那么重要。你的选择"听起来"可行，能提供的好处看起来可靠就足够了。毕竟，这只是一种思维训练。

>>> 替代感知

以上是替代方法的例子。对于许多人来说，感知的替代选择——看待事物的不同方式——更为重要。不同的感知会产生不同的行动和反应。

大多数企业都把经济衰退看作一个问题。销售额会下降，可能需要裁员。然而，少数企业从两方面将经济衰退视为机遇。首先，经济衰退可以成为投资研发甚至是生产的机遇，衰退过去时，你的企业将比竞争对手处于更有利的位置。其次，缺乏竞争力的企业将被赶出市场。

同样，孩子淘气经常被视为是不听话、不守规矩或叛逆的表现，但其实也可以把它看作创新进取精神的标志。

有爱好可能被视为"不务正业"，但爱好也可以是一个取得成就的领域。自己的爱好自己评价，别人说什么并不重要。

有人似乎很嫉妒你，你能看出这其实也是一种恭维吗？

可能有些人认为移民会消耗移民接收国的资源，但也可以认为移民为移民接收国注入了新的活力。

在我看来，两个非常重要的哲学观点是企业家亨利·福特和喜剧明星格劳乔·马克斯（Groucho Marx）提出的。

亨利·福特开始推行批量生产时，对客户说："喜欢的颜色随便挑，只要是黑色就行。"这背后真正的原因是其他颜色的漆需要用更长时间干燥，因此会延长生产周期。在现实生活中，这意味着如果你想要的刚好也是现成的，那么你会非常满意。

格劳乔·马克斯有句名言："任何愿意接受我为会员的俱乐部，我都不想加入。"可能他的意思是任何愿意接受他为会员的俱乐部也都不值得他加入。在现实生活中，他的话意味着，从本质上来说，如果你想要的你不可能得到，那么你就不太可能会满意。

每个人都可以看看自己的情况处于这两者之间的哪个位置。归根结底，这是一个感知问题。

不同的感知不一定更好，甚至有可能更糟。但不同的感知表明可以用不同的方式看待事物，还表明其他人可能有不同的感知。

在英国，破产是一场灾难，而且在社会看来还是奇耻大辱。在美国，破产被看作获得了额外的商业经验——也许也是必要的经验。

我曾经为了写一本关于成功的书，采访了在各自领域取得成功的各类人士。对于成功，一些英国人的看法是，这些成功人士可能作弊了。在美国，人们对成功表示钦佩，感兴趣的是实现成功的方式。

感知因文化、价值标准、个人经历或其他背景等多种因素而有所不同。

寻找替代感知比寻找替代行动方案要困难得多，因为我们很难想象会有人用与你不同的方式来看待一种情况。

例如，有人建议，如果有人有超速等交通违法行为，就在他的汽车上画一条红色条纹。这既会让违法司机感到羞耻，又能以儆效尤。乍一听，这似乎是个好主意，但可能会有另一种感知角度。有些司机可能希望自己的车上能多点这种条纹，以显示他们的"气概"。有些年轻人甚至可能还会比赛看谁得到的条纹多。而且，人们还可以自己往车上画条纹。所以交通违法行为可能被视为"可以示人的成就"。

≫ 替代价值标准

理解替代价值标准总是非常困难的。怎么会有人真的和你有不同的价值标准呢？

西方非常强调个人主义和自我。一个人可能成功或失败，得到回报或受到惩罚，这些都是以自我为中心的。

日本强调的是群体，要求人们融入群体，不能特立独行。就像一座拱门，每块石头都发挥着作用，但不会凸露出来破坏拱门光滑的轮廓。成就意味着个人要适应群体的模式，不需要体现自我。在白天，一个男人可能是一名优秀的"商务人士"。晚上在不同群体的眼里，他可能具有不同的形象。他可能是去酒吧和朋友喝酒的"社交达人"；回到家后又变身"顾家好男人"。这些看来不同的人都是同一个人，叫着同样的名字，穿着同样的衣服。

在某些文化中，荣誉和信任是非常重要的价值标准，在商业领域高于所有其他价值标准。在其他文化中，实用主义和"醒目"似乎是更被看重的价值标准，人们尊重"不择手段得来的东西"。

个人也有不同的价值标准。有人重视隐私，有人喜欢高调。有人求关注，有人躲关注。有人喜欢安安静静，有人喜欢热热闹闹。有人喜欢安稳，有人喜欢改变。

▶▶ 产生替代选择

替代选择从何而来？

我们来看看一个大家都熟知的选择：你决定晚上出去吃饭，有几家餐厅可选。

首先想想已知的选择。如果没有或似乎所有选择都已经想到了，那就需要生成新的选择。产生新的替代选择有一些基本方法。

第一种方法是先找到已有的做事方式，再确定这个方式背后的概念（见第9章），然后提出问题：还有什么其他方式可以体现这个概念？

有人建议降低价格以增加销售额。这里的概念是什么？可能是"获得更多的感知价值"。这个概念还能如何体现？可以价格不变，提高销售量；可以提供购买其他商品的折扣券；可以在购买指定商品时送赠品；可以附赠免费保险等额外服务；可以延长保质期；还可以给予"现金返还"。

加利福尼亚州的一位凯迪拉克汽车经销商曾经告诉我，股市兴旺的时候，人们不愿意买凯迪拉克汽车，而宁愿投资股市。因此，我建议他不要像平常那样靠打折优惠来吸引客户，而是让客户在买车的同时，假设把购车款投入了股市，车主可以占一定比例的股份，经销商在接下来的一年内（或其他约定时间内）留意股价上涨的情况，计算这笔买车的钱如果真被用于投资股票，会有多少收益，并将部分收益返还车主，当然可以定好返还金额的上限，这样可以补偿车主在没有买车而投资股市的情况下可以获得的收益。用这种方式，购车款相当于被投入到股市，其好处是股价下跌时汽车的买卖双方都没有损失。

这种方法适用于寻找替代行动方案。寻找替代感知可能需要其他方法。

可以试着从其他人的角度来看待问题。如果汽油价格上涨，以下各方可能会有什么不同的感知：司机、公交车企业、货运企业、石油企业、加油站、市郊餐厅、警察等？

对于相亲说媒，以下各方可能会有什么不同的感知：平淡无奇的人、生活圈子小的人、大龄人士、离婚人士、婚恋机构等？

还有一种方法是采用与一般观点相反的视角。一般观点可能认为加大惩罚力度会降低犯罪率。对立的观点是：为了消灭证人，罪犯的犯罪行为可能会更加暴力；服刑时间更长可能会让罪犯变本加厉；如果认为刑期太长，法院可能不愿意定罪。

通常人们认为讲究礼节是好事，你可以看看在什么情况下人们会认为这不见得是好事：礼节可以学，但用的时候不一定真诚；有些人学会了礼节，却用来糊弄他人；如果每个人都按礼节行事，如何知道一个人是否真的为人体贴、考虑周全？你可能不会因此改变你对讲究礼节的看法，但你可能会意识到，礼节可以掩盖不真诚。

为了寻找替代价值标准，你需要快速了解不同的价值标准。有些是个人价值标准，例如：重要性、自尊、声望、关注、荣誉、受到仰慕、忠诚。可能还有物质性的价值标准：金钱、晋升前景、人脉、宣传或背书。

如果没有经历过特定文化，对这种文化没有认识，那么就更难理解文化价值标准。不过总是可以直接提问：这里的价值标准是什么？这对你为什么很重要？

▶▶ 可能性

第 2 章提到过"可能的"的重要性。科学进步不是基于确定性，而是基于检验和运用"可能的"假设。在被验证之前，假设就是假设，只是一种"可能性"，但这种"可能性"会引导我们寻找证据和设计实验。

> 侦探利用假设来想象可能有哪些犯罪动机，在此基础上开展办案工作。

寻找替代行动方案和想法着眼的是未来，因为我们现在无法确定一个行动方案或想法能否在实践中奏效。能否成功有不同程度的可能性，但想法一旦被提出来，就可以对其进行检验，甚至可以在测试环境中进行测试。

而替代解释和感知关乎的是现在和过去。这是什么原因造成的呢？是如何被感知的呢？要进行验证可能同样不容易，所以我们必须按由低到高的可能性来考虑不同选项，最终得出确定的选项。

当替代解释和感知可能性太小时，就变成了幻想。幻想同样可以具有价值，可以用来刺激新的思考，或者仅仅是用来让讨论变得活跃。

▶▶ 小结

（1）寻找替代选择是塑造美丽心灵的一项重要活动。

（2）没有选择，我们就会变得头脑僵化，骄傲自满。

（3）现有的方法也能办事，但这并不说明没可能有更好的方法。只要尝试，就能找到更佳的方法。

（4）"更佳"的定义可能因情况不同而不同。

（5）首先要有寻找替代选择的意愿，再生成替代选择，最后对各种选项和最终选择进行评估。

（6）新的做事方法要被选中，其必须表现出较现有方法的明显优势。

（7）看待事物可以有不同的感知或方式，可能导致不同的判断或行动。

（8）可能存在其他由经历、文化等个性化因素决定的价值标准。

（9）先找到被使用的概念，再找体现该概念的其他方法，然后就可以产生替代行动方案。

（10）尝试通过不同的视角看待问题，或有意生成不同的感知，并试图为其辩护，就可以找到替代感知。

（11）通过快速了解不同的价值标准或提出问题，可以找到替代价值标准。

（12）寻找替代选择时，可以按由低到高的可能性来考虑不同选项，并得出确定的选择。

第11章
情绪和感受

根据六顶思考帽的思维代码，本章和红色思考帽代表的内容有关。情绪和感受在思维中扮演什么角色？思维不是应该不带感情吗？情绪和感受与拥有美丽的心灵之间有什么关系？

没有情绪和感受，很难做出决定或选择。逻辑和思维本身只是呈现世界的方式，让我们可以通过感受来应用价值标准。

想象一下你正在参加商务会议，有人提出了一个计划。一个人认为该计划能提高利润和他的个人声望，并增加他的晋升机会。另一个对升职不感兴趣的人认为这个计划对他来说风险大，麻烦多，还要干更多的活。

客观上而言，这个计划的内容对于这两个人来说是一样的，但他们的感受却不同。结果一个人对该计划大力支持，另一个人则强烈反对。我们通过情绪和感受将价值标准应用于具体情况中。我们的价值标准会激发感受,感受强烈到一定程度就会变成情绪。(价值标准的内容将在第 12 章中介绍。)

情绪和感受如何影响思维?

用餐快结束时,可以享用美味的甜点,这一餐就完整了。但如果你在用餐的一开始就吃甜点,那么其他饭菜可能就吃不下了。这跟情绪和感受差不多,一切都取决于切入点的差异。

>>> 选择性感知

丈夫怀疑妻子有外遇,每次她外出购物或与朋友聚会,他都怀疑她是去见情人。等她回到家时,他的疑心让他的感知只关注那些加剧他不信任的细节:如果她去购物了,那她买的东西在哪?

妻子发现丈夫真的有外遇,她很生气,回想起他们婚姻生活的所有细节,挑出了很多"证明"丈夫从未真正爱过她的小事。

这两个例子都说明了"选择性感知"。

法庭上的检察官会选择性地使用一些信息来暗示证人不可靠。

肖像艺术家会选择并夸大那些能凸显被画人个性的特征。

社会学家会选择那些支持有关自己对特定社会的预判的行为。

如果在超市寻找橙子，我们的眼睛就会去看橙子；如果在找早餐麦片，我们的眼睛就会去找麦片。

同样，我们的情绪和感受会"引导我们的注意力"，挑出我们期望看到的东西。感知很少是客观的，通常都具有选择性。

并不是说我们清楚地看到了一切，然后专注于感受所挑出的重点。感受就像一个过滤器，所以我们只能看到和感受让我们看到的东西。因此，强烈的情绪和感受会控制我们的感知，这是它们对思维最大的威胁。感知处在这种控制之下时，我们就无法清晰地看待事物了。

感受有点矛盾。一方面它会控制我们的感知，另一方面如果没有感受，我们根本不会有兴趣去感知任何事物。

我们确实需要感受来引导我们的注意力，扩大我们的注意范围。但如果感受太强烈，它们就会限制和缩小我们的注意范围。

没有感受，人就会变成机器，那可就没意思了。但如果感受脱缰，情绪强烈，那也不好。

马车夫要学习控制6匹马的马队，同样，我们也需要学习管理情绪，这样我们才能享受情绪，而不被情绪冲昏头脑。如果所有的马都跑走了，马车也动不了了。

>>> 选择

你要选择度假方式，每个选择的价格、行程长短都一样，而且都可以自选出发时间。你面临的选择如下：

乘船游多瑙河。
去威尼斯住最好的酒店。
去里约热内卢参加狂欢节。
游览塔希提岛（Tahiti）附近的波拉波拉岛（Bora Bora）。
加勒比海游轮之旅。

你会选择哪一个？这里可能没有你特别感兴趣的滑雪度假或音乐节之旅。由于价格、行程长短一样，且都可以自选出发时间，因此可能很难按照逻辑来做选择。最后，你选了感觉最好的那一个。这是一个基于情绪的选择。选定之后，你可能会试着合理化这个选择。比如，"那是我自己按照现有条件，最不可能安排的假期，所以有条件的话，我最想去尝试"。

所有的选择和决定最终都是基于情绪和感受的。即使一个看似合乎逻辑的决定也仍有情感基础。假设你在一家店里看中一件衣服，而在另一家店里，同一个款式的衣服卖得更便宜。选择价格更低的那家店看起来肯定完全是基于逻辑做出的决定吧？然而这个选择背后有很多感受在发挥作用：

你不喜欢被卖家多收钱。
找到了更低的价格，你觉得自己很聪明。
你期待跟朋友说你"省了钱"这件事。
你不喜欢浪费钱。
发现更便宜的同款衣服让你有成就感。

即使应该做"对的事"似乎是明摆着的事，但这背后仍然有感受在起作用，这感受可能是害怕被发现，可能是内疚,甚至可能是懒惰——因为做不对的事情可能更麻烦。我们不想违反道德原则,可能是因为这会让我们将来更难做决定。

了解决策和选择的情感基础是很有帮助的。抑制情感并且只在选择或决定的最后时刻才运用情感是很困难的。

>>> 形容词

形容词通常具有主观性,能告诉我们讲者的主观感受。如果一个人大量使用形容词,表明他对某事有强烈的感受。不过主观形容词并不会增强逻辑,而客观形容词倒确实有这样的作用,例如,那个"沉重"的箱子可能会拉伤你的背。

"那箱子真好,很适合你的风格。"这意味着讲者认为这个箱子适合你的风格,这么说可能让人高兴,但这样的评价并不能说明箱子到底好不好。

英语中有许多形容词来形容做事卖弄聪明、创意的人:滑头、狡猾、狡黠、诡计多端、老谋深算。这些词都有相当强烈的负面意思。为什么会这样?可能是因为在过去，英国的上流阶层坚持凡事都要做得"得体"。绅士做事不求更快或"更好"，不鼓励标新立异，谁知道鼓励创新会创新到哪去！

形容词能传达很多关于人和文化的信息。

使用形容词也是表达情感最简单和最方便的方式。

这种行为是野蛮的。

这种行为是原始的。

这种行为真优雅。

这种行为太发人深省了。

有时，在适当的位置插入一个形容词，就能表明对一件事的感受。例如，在关于英国皇室的讨论中，有人可能会在讨论中插入"古色古香"这个词，传达了很多感受。用这个词的人并不反对英国皇室，但也没有看到皇室存在的必要。他认为皇室有娱乐价值，是有趣的历史遗物。

在关于正义的讨论中，假设有人用了"慢"这个词。他的感受是虽然正义能够得以伸张，但整个过程可能会拖延数月甚至数年，烦琐复杂，效率低下。这个"慢"

完全被当作负面的词来用，挑不出任何正面的意思。有时"慢"可以被作为客观形容词使用（去伦敦的"慢车"）；有时，"慢"被作为主观形容词使用（如上所述）来表明感受（这比正常情况"慢"多了）。反对死刑的人会选用表明死刑与其价值标准相冲突的形容词，可能包括：原始、残忍、野蛮或未开化。这是因为对死刑的反对是直接基于价值体系的。在我看来，除了死刑是否确实能起到威慑作用的辩论之外，有关死刑的讨论几乎没有什么逻辑可言。

▶▶▶ 第一反应

当你第一次听到一个想法或提议时，你的第一反应可能是基于感受或情绪的。例如：

我觉得这个不太好。
这个我一点也不喜欢。
这非常不公平。

这些评论不同于：

我认为这在实践中行不通。

我看不出你的想法有什么好处。

这样做会很危险。

这些反应表达的也是感受,但它们是从是否可行的角度,对这个想法有何好处所做的直觉判断或猜测。但你可以不喜欢一个想法本身,不管它是否行得通。

你也可以喜欢一个想法,尽管你怀疑它行不通。

直接表达第一反应是否明智?还是说应该少安毋躁,等听完整个想法,甚至等你提出问题让讲者澄清之后(见第7章)再发表看法?

这一切都取决于讨论的目的和场合。如果是场严肃的讨论,最好先仔细聆听,提出探究性问题,充分考虑各个因素,然后再发表意见。

在大多数情况下,早一点表达感受会增加对话的活力,甚至还有沟通优势。如果提出想法的人能早一点了解听者的感受,那么他就可以做出回应。可能这个想法被误解了,有必要进一步详细解释;也可能是听者太快给这个想法贴上了不适用的标签,需要将标签摘掉。

每当我谈到在学校教授思维的必要性时,听众总是以为我在谈论判断性思维（或批判性思维），因为他们只知道这个。所以我必须努力说明，我谈论的是生活中的思维，主要是感知思维。

表情丰富的人无须张嘴说，就能表明他们的第一反应，他们脸上的表情足以说明一切。销售人员最怕和面无表情、深藏不露的人打交道。怎么才能知道说的话起作用没有？哪些内容打动了对方？如何评估对方有多感兴趣？没有即时反馈，怎么才能得到这些问题的答案呢？

所以，总的来说，即时表达感受和情绪并不是一件坏事。

>>> 立场

在一场争论中，你想选择哪一方？是这一方，还是那一方？还是说你不想参与，置身事外？

这是一个实话实说的问题。如果你此刻的情绪和感受支持的是争论的这一方或那一方，那么你需要表明立场。表明支持哪一方并不意味着你将用简单粗暴的方式一争高低，你仍然可以从正反两面来探讨问题（甚至会用上六项思考帽），真正尝试理解对方的观点。基于这种理解可以得出一个前进方向的规划，而这种规划是调和了双方观点的结果。如果无法就下一步达成一致，至少可以清楚地列出双方有哪些分歧点。

表明你在某个特定时刻所处的立场并不意味着你的立场会一成不变，它只是表明了讨论的起点：

"这是我现在的立场，我愿意帮助你说服我改变。"老实说，如果双方都能这样想，讨论可能会更有建设性。

在讨论或对话中，每个人都应该扪心自问一个非常难答的问题："我真的想在这件事上改变看法吗？"这个问题需要诚实作答。

人们担心复杂的"律师式"论点可能会让我们改变主意，担心可能被虚假信息所蒙骗，这些和其他的担心都很正常。但与此同时，我们确实需要聆听彼此观点，并在必要时改变自己的看法。

有些地方的议会大厅里，在两侧摆放了长椅，这意味着你必须坐在政府一方或反对派一方。有些议会是半圆形或圆形剧场的布局，因此没有明确的"我们"和"他们"之分。据说圆形剧场的布局能鼓励小党派，迫使政府结成联盟，而联盟可能并不太稳定。议会大厅的具体布局能发挥多大作用，在此并不重要。重要的是，我们不必被迫处于"要么支持我们，要么反对我们"的境地。没有人能强迫你陷入这样的境地。这是你的选择。你可能在一定程度上或在某些情况下同意某个看法，可能会认为对于某一部分人而言，某个想法是对的，他们也可能会在某个想法经过修改之后表示赞同。

》》 小结

（1）情绪和感受是思维非常重要的组成部分。

（2）归根结底，选择和决定都是基于情绪和感受做出的。

（3）我们通过情绪和感受将价值观与具体情况联系起来。

（4）强烈的情绪或感受可能会限制感知，由此产生的"选择性感知"让我们只能看到符合我们感受的东西。

（5）即使是显而易见、合乎逻辑的选择，最终也可能取决于感受。选择涉及一系列微妙的感受。

（6）形容词通常是主观的，表达的更多是用词者的感受，而不是事物本身的特点。要关注用来代替逻辑或信息的形容词。

（7）在非常严肃的讨论中，最好先听再问，然后再表达你的感受。

（8）在其他情况下，尽早表达感受可能有好处，因为这可以为讲者提供有用的反馈。

（9）在争论中，你应该表明自己的真实立场：支持一方或另一方，或置身事外。

（10）你表明的是初始立场，其有可能会发生改变。

（11）不一定非得支持或反对一个想法。在某些条件下或这个想法经过某些修改后，你可能会喜欢上这个想法。

（12）你确实需要决定自己是否真的愿意改变想法。

第 12 章
价值标准

一个冰激凌和一瓶维生素 C 片,哪个更有价值?维生素 C 片比冰激凌贵;维生素 C 片可以有很高的医用价值,而冰激凌没有。这是否意味着维生素 C 片价值更高?

这个问题问的是物品本身的价值,还是在某些情况下的价值?

维生素 C 片可能非常有价值,例如,对一个缺乏维生素 C 并可能患有坏血病的人来说它就很重要。[缺乏维生素 C 对长期出海的水手而言曾是非常严重的问题,直到库克船长[①](和其他人)开始在航行中让水手食用新鲜的酸橙。]感冒的时候维生素 C 片也可能非常有价值。

但是,如果饮食均衡,维生素 C 摄入充足,那么额

---

① 指詹姆斯·库克(James Cook),人称"库克船长",英国皇家海军军官、航海家、探险家和制图师。——编者注

外增加剂量就没有任何价值。

如果你真的很想吃冰激凌,那么在那个特定时刻,与维生素C片相比,冰激凌给你带来的价值就很高。

而如果你手头紧,那么钱花在维生素C片上可能会更好。如果你手头充裕,那可以先吃冰激凌,明天或者需要的时候再买维生素C片。

>>> 境况

价值标准取决于境况吗?对,也不对。有些基本价值标准不会随境况的改变而改变。例如,不应该说谎,不应该背叛你的战友,应该信守诺言。这些是基本的社会和文化价值标准。

在其他情况下,价值标准可能不会随境况改变而改变,但其优先次序会发生变化。

想象在打牌的时候,你注意到一个朋友似乎在作弊,你该怎么办?

这里涉及的价值标准包括:

金钱价值标准——你可能因朋友作弊而输钱。

道德价值标准——仅仅因为这个人是你的朋友,你就该对作弊视而不见吗?

友谊价值标准——你应该羞辱朋友并破坏他的名誉吗?

友谊价值标准还有另一面——是否应该任由朋友养成作弊的习惯,直到有一天被别人发现严重的作弊行为?

然后还有不确定因素。你不能完全确定他在作弊,万一他没作弊,而你这样指责他,就有可能失去这个朋友。

在实际生活中,你可能会想办法结束牌局,然后告诉朋友,有人怀疑他作弊。这样似乎就是把对朋友的关心置于所涉及的直接道德价值标准之上。

> 你知道朋友的妻子有外遇,你该告诉朋友吗?你该告诉朋友的妻子你知情吗?这里的优先价值标准是什么?这事跟你有关系吗?

假设企业正在讨论晋升人选,向你征询意见。你知道你的朋友非常需要升职机会,但你也知道他的竞争对手(一个你不喜欢的人)更有资格,是更佳人选。你会怎么做?

这里涉及的价值标准包括:

诚实。
帮助朋友。
对所在组织客观公正。

在上述情况下,这些价值标准之间似乎存在冲突。遵循其中一个,就没法遵循另一个。如果你客观坦诚地表达对晋升人选的意见,就帮不了朋友。

再举一个例子,你正在买房,这涉及哪些价值标准呢?

房子的价格及能否获得抵押贷款。
妻子和孩子喜欢这栋房子吗?
上班通勤时间长吗?
房子够大吗?
房子什么样?
拥有这栋房子能让朋友感到钦佩吗?

房子所处的地段购物方便吗？

房子附近的学校怎么样？

房子转手价值是多少？

房子所处的社区是智能社区吗？

房子维修成本会很高吗？

房子需要多大的维修和装修工程？

你喜欢房子的风格吗？

孩子长大离开家后你还需要这么大的房子吗？

有可能找到更合适的房子吗？

房地产价格在上涨吗？

能不能等一等，在周围再看看其他房子？

这里列出的标准似乎很多，但本书的大多数读者都能再添几条。这些标准可以分为喜欢程度、房子大小、价格高低、便利与否以及家人意见等几大类，都可能因特定情况改变而改变。

资金短缺可能意味着价格成为首要考虑因素。

孩子要上学可能是首要考虑因素。

如果亲戚经常来访，房子大小可能会成为首要考虑因素。

如果配偶与你的意见不同,其意愿可能是首要考虑因素。

如果你是一个爱攀比的人,炫耀的需求可能会成为首要考虑因素。

>>> 多方价值标准

在任何讨论中,至少存在 3 组价值标准:有你的价值标准(无论你是否充分意识到它的存在);对方(或多方)的价值标准;有些人虽不在场,但讨论中会提到他们的价值标准(例如移民、高管、青少年、儿童等)等。最后一组可能需要再细分。

除了你自己的价值标准,你对讨论中涉及的不同标准有什么了解吗?可以提问,并提出有哪些可能的理解。可以假定主要价值标准,例如渴望获得更多的金钱和安全感。很多时候,人们在讨论问题时,都假定他人的价值标准与自己没什么不同。如果花太多精力关注讨论中涉及的价值标准,可能会很难展开讨论!

>>> 个人价值标准

除了核心的道德价值标准之外,还有一系列对个人很重要的其他价值标准,其中许多是"不包含负面价值标准的价值标准"或者是"负面价值标准"的对立面:

行动和言论自由——没有暴政。
人身安全——没有犯罪、暴力和恐吓。
关注和认可——不被忽视。
被群体接受——没有欺凌和排斥。
尊严——没有羞辱。
幸福——没有痛苦。
快乐与兴趣——没有无聊。

读者能够列出更多这样的价值标准。如果你有头痛的毛病,那么不头痛就是价值所在。如果你从不头痛,那不头痛就没有价值。

在上面的几个例子中,价值可以直接存在。例如,"认可"本身就具有很高的价值,其价值所在不仅是不包含"被忽视"这一负面价值标准。

组织价值标准

任何组织都有与其目的和运行相关的价值标准。

对企业而言,此类价值标准可能包括:赢利能力、股东回报、竞争力、成本控制、效率、客户满意度、前景。

对家庭而言,价值标准可能包括:家庭观念、家庭和睦、互相扶持、共商问题。

质量价值标准

钢铁应该坚固,玻璃应该透明,餐厅服务应该快速准确,航班应该准点,广告应该能抓住眼球,餐品里的蔬菜不应该煮过头。

质量意味着不管做什么,都应该按照预定的目标做好。粉色的钢可能既好玩又有创意,但钢的功能在于作为坚固的材料,所以体现坚固的质量很重要。服务员可能会在餐厅里唱歌剧,这很有意思,但对服务员来说,真正重要的是服务质量。

质量与目的和期望有关。产品或服务的目的是什么？对一个产品或一项服务的期望是什么？应该有什么样的质量，由这2个问题的答案来决定。

>>> 创新价值标准

很难靠提要求带来创新。然而，时尚、电子设备和汽车领域的创新都是为了满足某些需求（但汽车领域的创新并非完全如此）。

即使人们对创新没有需求或期望时，创新也会受到欢迎。

遵循传统价值在于代代传承，心有所依。而创新让我们不断改进，令人振奋，这是它的价值所在。

据说拿破仑有过多次外遇。一次，红衣主教在巴黎圣母院做布道时，选择了忠诚于婚姻这个主题。之后，拿破仑邀请他到乡间度周末，他们早餐吃的是火候适中的野鸡肉，午餐吃的是火候适中的野鸡肉，晚餐吃的是火候适中的野鸡肉。第二天，他们早餐吃的还是火候适中的野鸡肉。红衣主教叹道："野鸡肉固然好，但能顿顿吃吗？"

据说拿破仑的回答是："那我就得一直忠诚于约瑟芬

（Josephine，拿破仑的妻子）吗？"

拿破仑的类比显然是不恰当的，因为在"婚姻"这个具体情况下，忠诚等其他价值标准优先于新奇感。

≫ 生态（影响）价值标准

万物绝少孤立存在。我们所做的任何事情通常都会对他人和环境产生影响。从最宽泛的意义上来说，"生态"包括所有这些影响的价值。

工厂排出的水会污染河流吗？关闭一个小镇的工厂会对那个小镇造成严重影响吗？温室气体的排放会导致全球变暖吗？这座大坝会威胁到一种稀有的青蛙吗？

积极和富有建设性的生态倡议有许多，但总体而言，它们都强调避免对环境造成"损害"，最重要的是要知道并避免"负面影响"的价值。

≫ 感知价值标准

知觉是真实存在的，即使它不是现实。

感知是看待事物的方式，你会基于所见产生感受，并做出反应，不管背后的基本现实如何。

例如，仅仅伸张正义是不够的，正义的伸张必须被看到。这种传统的正义观非常清楚地表明了正义感知有多么重要。

因此，感知价值标准传达的是初衷。初衷可能不一定是真相。不好的事件发生时，可能会有人试图将人们的感知转移到该事件某些好的方面。在这种情况下，比起属于权宜之计的感知价值标准，"关注真相"或诚实这样的价值标准更重要。

一个人细心打扮了就是在试图欺骗别人吗？努力获得最佳感知并不是欺骗，不过在极端情况下也可能确实如此。

≫ 负面价值标准

负面和价值标准似乎自相矛盾，也确实如此，就好像在说"好的坏事"一样。然而，在实践中需要负面价值标准这样的词。我们可以选择直接用"损害"这个词，但在评估价值标准时，用这个词来形容的价值标准就成了"影响"。而除非明确说明是"负面"影响，"影响"

这个词在英语中的意思是正面的。

做生态影响评估时可能会有一长串负面价值标准，企业对待员工的方式也可能有负面价值标准，在家庭关系中也可能有负面价值标准。

我们可能不会想用"负面成功"这个词，但可能需要一个词来表示某人在做事时一塌糊涂。

"价值标准"是一个评估用语，所以在评估一件事的负面方面时仍使用"价值标准"这个词，这是没有问题的，我们在心里总是可以将其等同于"负面影响"。

>>> 小结

（1）价值标准决定我们喜欢什么，不喜欢什么，决定我们的选择和决定。

（2）基本（核心）价值标准不会随境况的改变而改变。

（3）其他价值标准的优先次序视境况而定。如果你饿了，你的价值标准会和你不饿时不同。

（4）有时不同价值标准之间会发生冲突，因此你必须做出选择。

（5）在讨论中，你、参与讨论的其他人以及被提到的第三方都有各自的价值标准。

（6）存在个人价值标准，其中许多被定义为不包含负面价值的价值标准。

（7）在组织的目的和运作方面都存在组织价值标准。

（8）存在质量价值标准。

（9）存在创新价值标准。

（10）存在生态（影响）价值标准，在广义和狭义上评估某事物对环境的影响。

（11）存在感知价值标准，这与感知方式有关——这事你怎么看？

（12）"负面价值标准"一词用来指某事物的"负面影响"。

第三部分

优美思考的能力

EDWARD DE BONO

第 13 章
偏离主题

越野车让驾驶者在选择偏离主路时可以在崎岖地形上行驶。当对话"偏离正轨"时，你该怎么做？

在一场关于埃及经济的讨论中，不知怎的，有人开始讨论现在的埃及人与几千年前建造金字塔的埃及人还是不是一回事，然后从这又说到了埃及艳后克利奥帕特拉（Cleopatra）。

有人接着讲了一个关于马克·安东尼（Mark Antony）的故事，说他在追求埃及艳后时，经常在晚餐前去尼罗河钓鱼。克利奥帕特拉会付钱让人潜水，把鱼挂在马克·安东尼的鱼钩上，这样当他满载而归时，她就可以对他的运动能力表示仰慕。

"现在已经没有这样的女人了。"有人叹了口气说，然后把讨论方向继续转向别处，与埃及经济这个话题已经相去甚远。

碰到偏离主题的现象，你该如何应对？你是否应该立即打断讨论并说:"我们今天要讨论的是埃及经济,别说克利奥帕特拉了。"或者,"让我们回到讨论的正题吧。"

也许跑题也挺有意思,无论跑得有多偏。也许埃及艳后的故事比今天的埃及经济更让人感兴趣。

>> 目的

如何应对偏离主题,在很大程度上取决于讨论的目的。这是在鸡尾酒会上社交性的聊天,还是在严肃地探索问题?

一个实用的原则是:如果讨论的目的是严肃的,只要跑题的时间不长,并且有明显绕回原话题的意图,那么可以允许跑题,只要别跑得次数太多、跑得太远。严防死守,不留任何转移话题的余地,会让对话很乏味。

如果讨论是出于兴趣和娱乐目的,那就顺着跑题的思路聊,直到找到双方都感兴趣的点,在这个点上多做停留,深入探讨。没必要以为起始话题就一定最有趣。如果你正沿着公路行驶,并且不急于到达某个目的地,从主路上开下来,沿着有趣的小路开一开又何妨呢?

然而,如果话题转换得过于频繁,过于迅速,那就没有多少机会深挖对话题的兴趣。这就好像在聚会上不停地跟不同的人打招呼，但交流时间都太短，没法展开真正的对话。

>> 沉闷无聊

对话变得沉闷无聊有 2 个原因。首先，对这个话题，大家都没什么可说的。其次，所说的都是套路话术、陈词滥调和意料之中的话。不管是哪个原因，参与谈话或讨论的人都有直接责任。

无论主题是什么，都应该可以找到有趣的话说。猜测、推测，或者提问都可以（另见第 4 章）。

关于河马择偶这一话题，你应该能够进行有趣的讨论（即使讨论可能很短），讨论的参与者不需要是生物学家也能有话可说。讨论过程中还可以开个小岔，跑个题，说河马会一边快速旋转短尾巴一边大便，粪便会散落在大片区域（就像粪便击中风扇时那样），河马以这种方式来标记自己的领地。

雄性河马是否像雄鹿或雄性海象那样一夫多妻？雄性河马和雌性河马是终身配偶，还是每个交配季换配偶？河马是否像黑猩猩一样有"雄性领袖"？河马的群体模型可能是什么样的？在探索过程中，你可以加入你对动物王国中其他群体模型的了解。

雌性河马在择偶时是看力量还是（像鸟类那样）看外形？是忠于配偶，还是有多个配偶？

诚然，如果缺乏具体信息，这样的讨论可能会泛及一般的动物学行为，而不是专门针对河马这一物种。如果没有掌握太多的具体信息，话题扩大在所难免。

如果只有一方掌握了关于某个话题的信息，那么另一方就要通过提问来展开讨论，可以问一些能够引发思考的问题。

这些问题是基于对其他动物领域一定的了解所提出来的，也可以根据正在讲的内容提问，或者要求讲者做进一步说明。

比起重复你对某个话题已知的内容，听别人讲讲你不了解的东西可能更有趣。

▶▶ 老生常谈

在电视上直播的抗议游行中，人们通常会高举各方的传统口号,互相对立。不幸的是,很多对话和讨论也用了相同的模式。每一方都有其固定的常规看法,每一方都与对方针锋相对,试图让自己的观点占上风。

不管学校里是怎么教的,这种类型的争论或辩论乏善可陈。交换观点乐趣多多,但前提是各方真的对彼此的观点感兴趣。

> 为什么我们有不同的观点?
> 我们的观点差异的本质是什么?
> 这些不同的观点是基于不同的价值标准,不同的经历,还是不同的信息?

关键在于是要"一争高下",还是"切磋探索"。

一味重复传统观点很无聊,除非双方努力调和观点,并规划如何继续向前推进:"这些都是传统的标准化观点。现在,我们如何开辟新路?是原地踏步,争出个胜负,还是努力向前迈出新的一步?"

我曾经建议在一个高管的办公桌上放个牌子,写一句话:"如果你从不改变想法,那还要想法干什么?"如果你从不改变想法,可以直接写一句:"和上个月一样,想法没变!"

和凡事一争高下一样,总是老调重弹也很乏味。

有必要不断提出新的想法,开辟更多需要解答疑问的领域并进行探索,这样做的目的是在对话结束时,对话的双方都比在对话开始时加深了对相关问题的认识。

在关于"全球化"的讨论中,你可能认为新兴市场中的工人受到了剥削,因为与产品的最终售价相比,他们的工资十分微薄,这是一种观点。

另一种观点是,如果工人的工资在他们所在的国家内来说已经相对较高,对他们来说就很好了。如果要他们的工资不低于发达国家水平,这样劳动力成本提升,就业机会就根本不会转移到新兴市场国家来。工资定得高但找不到工作难道更好吗?

双方的观点都可以得到有力的论证,可以尝试讨论未来可以做些什么。任何一方都可以提出想法,例如,可以降低产品的最终售价以反映售价中较低的工资构成。这会让消费者受益,但会让制造商倒闭,最终也会导致工人失业。另一个可能的想法是鉴于工资较低,可从盈利中提取一定份额的钱,投放到专门的"援助基金"中,用于帮扶工厂所在地区的教育或卫生事业。

新想法可能不被接受,甚至可能都不可行。关键在于提出想法是为了求变,而不是老调重弹,原地踏步。

这是否意味着在辩论中获胜并不重要?在辩论过程中,开诚布公、充分彻底地探索主题并得出结论可能比证明自己的观点没错更重要。如果获胜对你很重要,那么尝试在辩论中引入一些新的元素。老生常谈确实很无聊。

>>> 幽默

幽默是美丽心灵的重要组成部分。幽默有以下几个功能:

幽默能调节气氛,增加乐趣。

幽默亦庄亦谐,让讲者可以畅所欲言,所说的话可能会被认真对待,也可能不会,由听者决定。在这方面,幽默与水平思考(创造性思维)同样具有启发价值。

幽默还可以让人大胆猜测。有些提议实施的可能性不大,但也不是完全没有可能。例如:"也许我们应该设立'美观警察'的岗位?"

意大利一个海边小镇就有"美观警察",如果你穿比基尼不美观就不能这样穿!

讲具体的笑话时,应该与话题相关,并能说明问题。毫无关联的笑话会打断对话,令人生厌。

幻想也是一种幽默。荒诞和夸张也可以说明问题。如果说有一位事无巨细、微观管理的高管,可能连员工每次给车加油都要知道,没人会把这当真,但确实有说明问题的作用。"如果新想法是一个人,即使穿上亮粉色的芭蕾舞裙在老乔(Joe)面前倒立,他也看不出来。"这句话有同样的效果。

人们错误地认为,在严肃讨论中必须不苟言笑,但事实并非如此。对话时完全敛容屏气可能会很无聊,说过什么话都记不得了。节奏和语气的变化能促进理解和记忆。

>>> 享受思考

你应该享受自己和他人开动脑筋所带来的乐趣。并不是只有争出对错才能让人开心,提出新思想、新见解是令人愉快的事,倾听别人的新想法和新见解也是如此。寻找看待事物的新视角能够愉悦精神,获得新信息也是如此。

对话就像舞蹈，与人合作，一支心灵之舞更加令人陶醉。如果你的舞伴熟悉舞步，那就更为享受了。同样，如果其他人也了解对话的"规则"，这个过程就会更愉快。如果他们不知道规则，可能就会花时间来努力说服你认为他们是"正确的"。

许多人喜欢运动，喜欢通过身体来实现一些简单的目标（例如让球入网）。重要的是运动本身，而不是最终结果。人们在运用思维的时候为什么不可以用这种"运动"的方式来享受过程呢？为什么不享受思考带来的纯粹的乐趣呢？罗丹的著名雕像作品《思想者》(Thinker)将思考过程表现得庄严沉重，事实上对鼓励思考不利，思考可以是件轻松有趣的事！

>>> 小结

（1）本章的主要目的是探讨是否可以接受对话中的偏离主题。主题非常严肃时，可能不大接受偏离主题。

（2）如果跑题时间不太长，并且能回到主题，跑题就能为讨论增添乐趣，应该受到欢迎。

（3）如果大家都对主题无话可说，那么讨论就会沉闷无聊。培养"发现兴趣点"的习惯很重要，它可以让你围绕任何主题发现兴趣点。

（4）在信息不多的情况下，可以通过提问和推测，或参考已知的主题领域，来激发兴趣。

（5）仅仅重复常规看法也可能很无聊，用一套常规看法对抗另一套常规看法是件无聊的事。

（6）在意见分歧很大的情况下，探讨分歧的依据会很有意思。

（7）对立观点是有可能调和的，或者至少可以弄清楚具体分歧是什么。

（8）对话都欢迎新的想法，因为新想法有助于摆脱惯性思维。即使这个想法不可行，也可以有启发作用。

（9）幽默是美丽心灵的重要组成部分和关键特征。

（10）幽默可以让人们大胆猜测，让讨论亦庄亦谐。

（11）幽默让我们可以用夸张和诙谐的方式陈述严肃的观点。

（12）就像运动让身体放松一样，对话和讨论应该让心灵愉悦。

第 14 章
信息和知识

一个人不可能对所有事情了如指掌。

需要多少信息才能参与对话？为了做好参与讨论的准备，一般应该寻找什么样的信息？

这些都是开放式的问题，没有固定答案。选择度假目的地时你会收集多少信息？有些人可能会收集很详细的信息，其他人则满足于有关消费价格、天气和娱乐活动的一般信息。

❯❯❯ 多少才够

需要了解多少有关克隆的知识才能参与相关对话？

你可能知道英国克隆了一只叫多莉（Dolly）的羊，还可能知道美国克隆了一只叫 CC 的猫，你对克隆只有模糊的认识。因此，如果与克隆专家交谈，你所要做的就是专心聆听、主动提问、用心学习。

如果你想了解一个引人入胜的主题，提出问题并不难。同时你也要让讨论有来有往，让对方也对参与其中更感兴趣。因此，你可以专注于讨论中出现的一个问题，尝试就其推动双向讨论。

但是，如果对话的另一方和你一样对此话题所知甚少，你就需要根据外行对此话题的有限了解讨论笼统的问题（以克隆为例）：

如果开放克隆服务并且成本低廉，将产生什么影响？
如果克隆一匹获奖赛马，克隆出来的马也能获奖吗？

需要掌握多少信息取决于对话的主题。克隆这个主题奇特而迷人，几乎任何人都可以参与推测性的讨论。但如果主题是"兰花"这种普通的主题，除非至少有一方对兰花非常了解，否则很难展开对话。

无论如何，不会有人强迫你参与讨论你知之甚少甚至完全不懂的主题。如果其他人在聊这样的话题，你可以通过倾听和偶尔提问来参与。

不懂装懂可不是明智之举，迟早会被发现。这样做还有一个问题，如果别人知道你不懂，就算你问了一个看似愚蠢的问题也是可以接受的，但如果你装懂，这样的问题你想问都没法问。

"我对这些一无所知，但我愿意倾听和学习。"直言不讳没什么坏处。

通常，只要有人专心听，对某个主题知之甚多的人就会很乐于做出解释。作为专家，在解释专业知识的过程中，也可以收获新的见解，并找到更有效的解释方式。

听者应不时总结所听到的内容，这有助于让讲者确信他讲的内容被对方正确理解了，还能帮助听者澄清一些问题。

>>> 祖鲁族原则

你可以选一个大多数人都不太可能了解的特殊话题。比如你可能选的是祖鲁族文化。现在你成了该领域的专家，讲起来可以滔滔不绝。

你可以解释说明祖鲁语里没有表示否的词，他们只是通过把"是"这个词的发音拉长来表示不确定程度，类似于在英语中把"Yes（是）"说成"Ye-e-e-s"，表示很不确定。

你可以将祖鲁族的文化与日本文化等其他文化进行比较。

在与祖鲁族无关的其他对话中,你也可以尝试引入你在这方面的专门知识。

你可以着手在两三个专业领域收集知识,比如斑点狗的繁殖,或郁金香事件在英国引发的金融动荡。随着时间的推移,你将可以非常娴熟地将这些特殊领域的知识或经验教训应用到几乎任何对话中。

>> 镜子策略

据说一家知名管理咨询企业使用了"镜子策略"。如果哪家企业遇到问题或需要重组的时候,企业高管就会请这家咨询企业的顾问来提供服务。顾问进入企业后,会去往各处向员工了解情况,倾听他们的看法,并会根据了解到的情况,整理出一份报告,提交给企业高管。

顾问会收取高额费用,所以他们的报告,高管得看,得听取其中的意见,而在过去,高管可能没有注意听过企业内部的人说了些什么。这种类型的咨询服务有一个很有帮助的作用,它可以像镜子一样反映已经真实存在的问题。还必须指出的一点是,由于汇报的想法是通过顾问向上传达的,因此在某种意义上,是经过经验丰富的顾问"验证"过的想法。

在日常生活中,同样也可以听取不同的人对某个主题的看法,集合起来形成你自己的知识库,为己所用。

向一个人重复你最近从另一个人那里听到的内容,这种行为完全合理,但这其中的危险在于,如果第一个人搞错了,你也就跟着错了。

你当然可以加入自己的解释,也可以侧重讲从他人那里获得的信息——顾问收钱干的就是这个。

如果你听过别人讨论某部电影,即使你自己从未看过这部电影,也可以重复别人的评价。你可以做出说明,这些评论是你听来的。

>>> 信息输入

你的知识从哪里来?你为心灵灌输了什么信息?

信息通常有以下来源:书籍、报纸、杂志、讲座、课程、互联网、交谈等。但获取信息要两手抓。一方面,要大概知道世界上正在发生什么。这样的信息通常可以从报纸、新闻快报和与其他人的对话中获得。另一方面，可以更深入地探索一些你感兴趣的专业领域的知识（即使不是祖鲁族的知识），有时可以通过互联网获取专业信息。

在一项调查中，当日本游客被问到为什么会选择澳大利亚昆士兰作为旅游目的地时，39%的人说他们是为了去"抱抱考拉"。昆士兰拥有壮阔的热带雨林和美丽的沙滩，但如果游客回到日本后说昆士兰风景优美，那听者可能不会有什么反应。如果你拿出自己抱考拉的照片或视频，别人的反应就会大不相同。

有一个重要的道理。就一个主题而言，一般的笼统信息可能没有你读到的奇闻轶事那么有意思。这些奇闻轶事通常可能只是你在报纸上读到的一段内容，比如，为了创造吉尼斯世界纪录，2000多人在莫斯科的一座桥上同时接吻。

完全围绕"曲高和寡"的冷门话题展开对话是很困难的。不过这样的话题可以为其他讨论打开大门。从莫斯科的接吻吉尼斯世界纪录开始，可以继续讨论"出名的欲望"——哪怕只是15分钟，艺术家安迪·沃霍尔（Andy Warhol）曾说过："未来，每个人都能成名15分钟。"——以及人们为了出名所愿意付出的代价。你还可以探讨"亲吻"这个行为本身，它是一种传递信息素的方式吗？

无论如何，就像蛋糕里加点葡萄干可以丰富口感一样，这些奇闻轶事也能为原本可能很枯燥的对话增添色彩。因此，值得花时间储备一些随时能运用的小知识。

>>> 信手拈来

好厨师可以用任意食材做出一道好菜。食材不限的情况下，做一顿美餐并不难。同样，如果双方都充分了解对话主题，就不难展开一场精彩的对话。就像好厨师可以用任意食材做一顿美餐一样，美丽的心灵可以利用信息库里的任意知识展开讨论。

先通过各种试探找到双方的共同兴趣点，然后围绕兴趣点展开讨论。有些人单凭自己会很无聊，但和善于引导对话的健谈者在一起，也可以变得更有趣——连他们自己都无法想象！

在对话中，你需要积极主动，而不是被动反应，不能往那一坐，摆开架势："来吧，哄我开心吧。"应该共同努力，看看利用有限的知识能迸发出什么样的思想火花。

感受、价值标准和推测不会受限于薄弱的知识库，想象力是无限的，涌现出来的想法是否现实是另一回事，讨论起来照样可以妙趣横生。

>>> 小结

（1）无须掌握所有相关信息就可以围绕一个主题展开讨论。

（2）如果对方掌握的信息比你多，仔细聆听并提出问题。

（3）也可以挑出一个兴趣点，围绕那个特定的点展开双向对话。

（4）不懂装懂没有意义。无知实际上是一种更强大的处境。

（5）遵循祖鲁族原则，你可以成为某个冷门主题领域的专家，并利用各种机会讨论相关话题。

（6）即使直接话题不是祖鲁族，也可以将这方面的观点和经验教训引入讨论。

（7）使用"镜子策略"，花大量时间去聆听，就所听到的内容做出反馈，从不同来源收集知识，并在对话中为己所用。

（8）在收集信息时，需要两手一起抓。一方面要对世界的现状有笼统的认识，另一方面要在你更感兴趣的领域更彻底地深挖探索。

（9）你可能需要有意识地去收集信息和知识，碰巧得来的可能不够。

（10）积累一些"曲高和寡"的冷门话题知识很有用，可以为沉闷的对话增添趣味，还可以引出其他话题。

（11）善于引导对话的健谈者可以利用任意可用的信息展开有趣的讨论。

（12）即使掌握的相关信息很少，想象和推测也可以作为讨论的基础。

第 15 章
看法

你有权发表看法吗？

你什么时候有权发表看法？

谁有权发表看法？

在一种极端情况下，一个人对主题知之甚少，却发表了强烈的看法。

在另一种极端情况下，一个见多识广的人对主题有过很多思考，但又不能表达出来。

看法是信息、感知、感受和价值标准的结合体，像一道特定文化中的大烩菜。

>>> 为什么会有看法

你不如问："为什么人会存在？"

可以想象一场没人表达看法的讨论。大家共同探索一个主题，讨论中需要加入价值标准，这样就会形成看法。

有的看法非常强烈；有的看法只是初步看法，是一种"暂定立场"，可能还会形成更好的看法；有的看法非常坚定，但仍然可以改变。

你在餐厅看菜单，菜品品种丰富，选择众多，如果只能点一道菜，就算有2个选择让你感到很纠结，你最终也必须选定其中一个。

美丽的心灵能够形成看法，也不怕有看法出现。同时，美丽的心灵总是知道一个看法的基础是什么。此外，几乎任何看法都可以改变。这与科学假设没什么不同。假设是确定及可实施的，否则永远无法设计任何实验。然而，这个假设只是"暂时的"，科学家一直在努力做出更好的假设。

如果你对某个话题比其他人了解得更全面，你的看法是否就更合理？那也未必。感知和价值标准也很重要。可能确实有一条明确的信息表明另一种看法比你的更有道理。

例如，如果你认为在包办婚姻中双方是"被迫完婚"的，你可能会强烈反对这种习俗。但是，如果有人告诉你在包办婚姻中，任何一方都可以直接拒绝婚约，那你的看法可能就会发生改变。

>>> 引发思考的看法

有些人喜欢提出并非他们坚定持有的,但强烈的看法,这样做是为了激发辩论和讨论。这种做法有利有弊,你可能很容易就得到一个喜欢凭空发表强烈看法的名声。你可能是想扮演"小丑"一类的活跃气氛的角色,但最终可能被当作愚蠢的人或者无足轻重的人。

为了让讨论顺利进行,你可能需要提出挑衅性的看法。然而,你完全可以事先说明:"假设我提出一个故意挑衅的看法……"或者说:"这不是我真正的感受,但假设有人提出了这种想法……"或者说:"我们可以从这个想法开始讨论……"

>>> 练习

以下是一个即时表达看法的练习。对于以下每个主题领域,说说你能马上给出什么看法。然后,针对每个主题领域,提出一个故意挑衅、引发思考的看法,这可能与你的真实想法相去甚远：

反恐斗争

学券制①

无家可归者

大型购物中心

大学

不限人数移民

知名运动员

援助贫穷国家

整容手术

在农村生活

---

① 一种资助制度，主要目的在于在维持政府对教育的津贴的同时，亦可以引入市场竞争机制，从而提升教育质量的制度。具体运作方式是，政府向家长发出学券，学券金额等于政府每年津贴个别学生的金额。家长自由地选择符合指定要求的学校，不论公立或私立都可以。家长用学券缴付学费，学校有权收取学券以外的额外费用，有关费用由自由市场机制决定。学校收到学券后，凭券向政府索回现金。——编者注

>>> 视角

站在山顶是一种视角；站在山谷是另一种视角；站在广阔的平原上［也许是在加拿大的曼尼托巴省（Manitoba）］，又会是另一种视角。

一个40岁的中产阶级女性，住在富裕的郊区，她会有她的视角。一个生活在脏乱差社区的少女，看问题又会是另一种视角。

这里的难题是：你的看法应该有多个人化？

这难就难在最佳想法是基于经历、价值标准、文化和视角的，而同时你的视角又相当有限。

有时我们要决定什么对他人最好，即使他们自己有不同的想法，是一个相当棘手的问题。但有时可能必须由我们为他人做出决定。

选举投票时，你是为"你的意见"投票，不能代表可能与你意见相左的人。如果那些人也都是为自己的意见而投票，民主就会充分考虑到民意。

一般的讨论更像选举，还是更像政府议事？如果是前者，那么有理由直接从自己的角度出发，畅所欲言。例如，你不愿意多交税，即使多交的税将被用于社会福利也不愿意。如果讨论更像是政府议事，那你可能就要考虑怎么做才最符合"大多数人"的利益。

这可并非易事。

你是世界公民，国家的公民，还是所在城镇或郊区的公民？答案不同，提出意见的角度就不同：

我个人的意见是……

从国家的利益出发，我的意见是……

从全人类和人类价值标准的角度出发，我的意见是……

如果每个人都提出多个意见，可能会比较麻烦。因此，你可以尝试将不同意见合并为一个个人意见。否则，你应该说明不同意见源自什么不同的视角。

>>> 改变看法

这是美丽心灵的另一个关键方面。拒绝改变看法是一种远非美丽的僵化表现。

坚持己见要坚持多久？什么能让你改变看法？

改变看法有 2 种基本情况。最简单的一种是修改意见，比如可能把意见改得更平和一些。更困难的改变是彻底改变自己的意见，或接受别人的意见。

改变意见绝不是软弱的表现，恰恰相反，它是少数几种展示开放思维的方式之一，而开放思维是美丽心灵所不可或缺的。什么能比改变看法更好地展示开放而客观的思维呢？捍卫自己的观点是正常反应，改变看法境界更高。

如果每个人都愿意改变看法，讨论就会更有建设性，而不会像是个人对抗。

≫ 新信息

获得新信息可能是改变意见的首要原因，也是最能接受的原因。

原本你可能认为在刑事案件中，被告没有得到充分的辩护，然后你得知 95% 的刑事案件是通过辩诉交易结案的，你原本的看法就薄弱了很多。当然，你可能会据理力争，说被告选择辩诉交易是因为他知道在法庭上，律师的辩护水平可能很低。

在某国，50%的婴儿为非婚生。你可能会认为这是家庭制度瓦解、道德标准低下的证据。如果你现在得知许多母亲后来确实和孩子的生父结婚了，你的看法可能就会发生改变。

如果你认为纽约的犯罪率在上升，然后有人告诉你，统计数据显示，犯罪率实际上在下降，你可能会因此而改变态度。

▶▶▶ 笼统

人们总是很容易做出笼统的概括。

"政客都腐败，都有价码"和"我认为可能有一些腐败的政客"相比，前者听起来更自负。

在讨论过程中，以下说法笼统程度逐渐降低：

所有政客都腐败。

绝大多数政客都腐败。

大多数政客都腐败。

很多政客都腐败。

一些政客腐败。

少数政客腐败。

个别政客腐败。

在这个范围内,最终你会怎么说,取决于你面前有哪些证据和观点以及你是否愿意倾听别人的意见。

从"所有"转变到"绝大多数",甚至到"很多"都并非难事,再往下降就很难了,因为那会推翻整个观点。

>>> 价值标准变化

如果你意识到,或者如果有人提醒你,你所用的价值标准可能不具普遍性,那么你可能会改变看法。

可能其他文化更看重门当户对而不是浪漫爱情,所以你对包办婚姻的看法纯属个人观点。你可以坚持认为其他人的价值标准应该和你一样,但会逐渐意识到别人确实持有不同的价值标准。

有些人的价值标准比较抽象,比较笼统或只针对他人,但涉及当地事务或个人时,价值标准就会发生改变。

以某国为例,该国被普遍认为是自由思想和乐于助人的模范,但当难民被安置在这个国家时,该国民众并不欢迎他们的到来。NIMBY(英文"not in my backyard"的简称,意为"不在我家后院")表达的就是这种情况。你可能非常赞成建立新的垃圾场或风电场,但如果真把它建在你家后院,你就不愿意了。

▶▶ 比较和差异

正如本书中多处提到的,将不同意见放在一起探讨裨益多多。把2种意见都清晰而坦诚地表达出来并相比较,你就能发现:

重叠和一致的地方。
不同之处。两者差异有时可能很大,有时可能很小。
差异的根源(不同的信息、经历、感知和价值标准)。
可以通过修改2种意见或交换更多信息来调和差异。

如果无法达成"共同的意见",仍然可以就存在哪些分歧点达成一致。一旦情况有变或采取了干预措施,人们对结果会有不同的猜测,这通常是产生分歧的原因。

例如,"我认为语言不足以表述复杂情况,如果有通用的'情况代码',就可以立即传达情况。你认为如果使用得当,语言完全有能力做到这一点。我可能同意你的观点,但我觉得只有少数人能'得当'地使用语言,使用'情况代码'将会让大多数人沟通起来更容易。"

▶▶▶ 小结

(1)没有根据地发表强烈意见是一种极端,见多识广但拒绝发表意见是另一种极端。最好介于两者之间。

(2)意见的源头是基于信息、价值标准、感受和经历。

(3)提出强烈的意见有助于启发思考,但最好说明你不是在无故挑衅。

(4)意见基于视角,即你的处境。

(5)你可以选择从非常个人的角度提出意见,其他人自便。

(6)你可以根据一般情况或所有人的最大利益来提出意见。

(7)你应该表明你的意见属于什么性质,是个人观点,还是更笼统的看法。

(8)美丽的心灵随时准备着改变意见。这是美丽的心灵的特征。

(9)新信息可能会改变你的意见。

(10)意见可以因笼统概括而变得没那么绝对。

(11)一个人的意见可能会因他接受了其他价值标准而发生改变。

(12)不同的意见应该被放在一起讨论,我们要尝试探索差异的依据并尽力调和观点。如果无法调和,可就哪些方面有异议达成一致。

第 16 章
打断发言

什么时候轮到你发言？

你能等到轮到你的时候再说话吗？

打断别人的发言是必要的，还是单纯的不礼貌行为？

如果你讲话的时候，有人不停地插嘴，这会打断你说话的思路。原本是富有逻辑、平稳连贯的内容，现在却变成被割裂的片段，且可能很难再连贯起来。

想象一个艺术家在作画，旁边站了一个人，不断地插嘴，一会儿提议该怎么画，一会儿批评哪儿画得不对，甚至抢过画笔自己来上几笔。艺术家肯定不高兴，这幅画可能因为画家受到干扰而效果不理想。打断谈话很少有这么严重的后果，但仍然是一种干扰。

一般来说，不鼓励在别人说话的时候插嘴。然而，在某些情况下，打岔是有益的，甚至是必要的。

▶▶▶ "到我说了"

对话不是演讲或独白,而应该是双向互动。如果一方不停地说,那么另一方就很少有机会表达观点和意见了。

如果你受邀去做电视节目的嘉宾,主持人会通过面部表情提示你该停止发言了。如果你还继续说个不停,不仅观众可能会感觉无聊,主持人也得不到足够的"聚光灯时间"。

在正常对话中,把不耐烦摆在脸上是很不礼貌的。

可以尝试用以下方式试探性地打断对方,表明你希望有机会发言:"是的……""但是……""我觉得……"。

然而,这些插嘴的方式很少奏效。习惯了滔滔不绝的人也习惯了忽略别人试图打断他的企图。

我曾经在巴黎组织过联合国教科文组织的一次会议,会上有些知名演讲嘉宾分享他们的真知灼见。每个人的发言时间为 15 分钟,这可能本来就不太够用,而且第一位嘉宾发言就用了 45 分钟,大家都变得非常不耐烦,所以我为后面的演讲嘉宾做了提示安排。

我在一张大家都能看得到的桌子上摆了 3 瓶可乐。演讲嘉宾还剩 5 分钟发言时间时,我就会站起来拿走一瓶。时间到的时候，我会拿走第二瓶。发言超时 5 分钟，我就会拿走最后一瓶，这时演讲嘉宾必须要结束演讲。用了这个方法后，会议进展都很顺利。

有一个故事说，一位英国乡绅厌倦了村里教堂牧师的长篇布道。有一次他坐在布道台前的第一排长椅上。布道开始的时候，乡绅在他面前的一个长凳上放了 3 张 5 英镑的钞票（那在当时来说是一大笔钱），这笔钱将在布道结束后被交给牧师，捐给教会。每过 10 分钟，乡绅就会拿起一张钞票放回口袋里。如果布道超过 30 分钟，捐款就都被乡绅收回去了。

你在不耐烦地等着别人说完后自己发言时，就能体会到一个人滔滔不绝有多烦人。所以轮到你发言的时候，应该有意识地克制自己不要重蹈覆辙。

演讲的时候不要长篇大论，一次只讲一个内容点即可。如果你要讲好几点，那就做个预告，列出要点，回头再一个一个地讲。

有些人一开始就说明要讲 4 点，借此防止别人打断他，然后一口气把所有 4 点的具体内容都讲完。介绍一下有哪 4 点就够了，在后面分次讲完。

▶▶ "自我"作祟

大部分打断别人说话的情况的原因都是自我在作祟。插嘴的人想被注意到，想求关注，想展示自己的重要性，想证明他比讲者更聪明。

有些人就是出于这些原因，不断插嘴。这不仅惹人烦，而且简直要惹人发怒。周围的人都会非常厌烦这样的人。让讲者展开说明他要表达的观点是合理的诉求。

作为讲者，甚至是旁观者，你可以断然阻止这种干扰行为："我要讲完我要说的内容。"或者（在作为旁观者时）说："先让他说完。"

▶▶ 详述型插嘴

这种插嘴出发点是好的，旨在充实和阐明对方所提出的观点："另外……"

在这种情况下，插嘴的人可能会提供个人经历的例子、统计数据、新的看法，或试图应用某些价值标准。

详述型插嘴一般来说（但不一定）在本质上是"支持"讲者的，表示同意讲者提出的观点，并希望通过添加支持其观点的材料和评论来更详细地阐述。

如果有人在讲祖鲁族文化的父系制度,你可能会补充说,有些其他非洲部落也是父系制度。这样的评论与讲者的内容相近,既不支持也不挑战。

如果讲者在举例说明某些奥运会项目很难打分,你可以插一句嘴,再多举几个相关的例子。

但是,如果详述性插嘴时间过长,不论初衷如何,仍可能会打断讲者的思路。所以你可能还是需要一些自我克制,不要在插入内容的时候说得又多又全。

≫ 挑战型插嘴

挑战型插嘴是合理的,也很重要,但难以把握。

有时候,讲者的话显然有误,引用了某人的一段话,但可能说成是另一个人说的。如果有人说尼斯(Nice)在意大利,那就错了(尽管它曾经属于意大利)[①]。如果有人说克林顿是美国第39任总统,那也是错的(应该是第

---

① 法国东南部城市,曾在意大利和法国之间来回易手十余次。——编者注

42任）。

如果是小错误且不重要，你可能干脆忽略不计，没必要专门为此打断讲者去更正。但是，如果错误内容涉及讲者论点核心，就不能放任不管，这时有必要插嘴，当然要尽量保持客气：

"您确定吗？我记得尼斯在法国。"

"也可能是我记错了，但我记得克林顿是美国第42任总统。"

还有另一种类型的挑战型插嘴，讲话内容并没有明显的事实错误，但可能存在逻辑错误，两件事之间的关系可能并非如讲者所说。例如，你可能需要对一个笼统的概括提出挑战（见第2章），可以打断讲者，也可以等待机会来表达异议。

很多时候你可能会想要核查一些数据，这并不意味着你认为你现有的这些数据不正确。例如，你可能想知道数据的来源，数据是否为最新，样本量多大，或者数据适用于哪些人群。

挑战讲话内容时总会有这样一种暗示：我不会让你蒙混过关。

这样的挑战不一定是为了一争高下或对讲者发起

"攻击"。你可能真的只是想确定某个内容,所以会问上一句:"你说的这点很重要,这些数据非常重要,我能问一下数据的来源及时间吗?"

"你说的这一点非常有趣,那些数字是哪来的?"

>>> "马上"还是"稍后"

有时你可能会觉得必须马上打断讲者,你可能认为等轮到你发言的时候再去表达对前面某个内容的看法就太迟了。在实践中,你有3种选择:

(1)等轮到你发言时再对讲者的某个内容进行挑战、纠正或详述。这在两人对话中更容易做到,因为很快就会轮到你发言了。在多方对话中,你可能要等很久才能发言,轮到你发言时已经和你想打断的点隔了太久,那个点可能已经与当时说到的内容无关了。

(2)即时打断讲者并发表你的看法。这里可能存在的问题是,如果你有很多话要讲,等你说完可能就完全破坏了讲者思路的连贯性。指望讲者能准确地记住被打断之前在说什么并接着继续讲是不现实的。

（3）在相关信息点那里打断讲者的发言，但不要长篇大论，只需"示意"稍后将就这一点提出看法。例如：

在这一点上我不同意您的看法，我稍后再说。

我觉得关于离婚的数字有问题，我稍后会讲一下质疑的原因。

这个问题你可以这样看，但也可以那样看……

这不是唯一可能的解释，另一种解释可能更为合理。我稍后会谈到这一点。

讲者可能会在自己认为合适的时间点停顿一下，让你发言。否则，你必须等到轮到自己发言时才能说你要说的内容。

>>> 质疑

我们已经讲过，你可能会打断讲者以指出他讲的部分内容有误、挑战部分内容或试图详述或支持一个观点。

你也可以打断讲者来表达质疑：

我一向不满意这个说法。

这是通常的解释，但我有时觉得这不一定正确。

我们一直深信"就是如此"，只是因为我们还没有想到别的可能性。

> 证据有时只不过表明我们在思考替代选择时缺乏想象力。

在马耳他岛（Malta）上有大量史前石器时代的遗迹。事实上，世界上最古老，而且仍屹立不倒的人造建筑之一就在马耳他岛。在它之中，有一段印在岩石上的平行凹槽延伸了很长一段距离，看起来很像"车辙"，这是马耳他岛最古老的遗迹之一。

由于这些印记让人联想到铁轨，因此人们一直认为是某种运输工具留下来的。我对此表示怀疑。在发明轮子之前，肯定先有什么东西能做出这种平行凹槽，就是沿凹槽拖着物品（斧头或是玉米什么的）进行研磨。那么第二条平行凹槽呢？那是起稳定作用的，类似一种叉架。当然，两条平行凹槽都能用，都可以用于研磨。这是一个很大的可能性。

有时，如果你保持沉默，你似乎就是同意讲者的观点。如果你并不同意，你就不能让别人有"你同意"这种感觉。如果大家都在点头，大家显然在表示同意，这时你可能需要打断讲者，表明你有不同看法："我对此有些质疑，稍后会解释。"

有同意、反对、分歧、质疑和"未被说服"之分。未被说服是指尚未形成意见或判断的开放状态。

>>> 小结

（1）打断讲者通常是不礼貌的行为，打断了讲者所说内容的连贯性。因此，需要有很好的理由才能打断别人。

（2）如果有人滔滔不绝，你可能需要向他表明对话是双向的。同理，你自己也不要说个不停。

（3）打断别人通常是"自我驱动的"。有人求关注，有人想表现自己的重要性，有人想表明自己比讲者更聪明。

（4）详述型插嘴试图通过提供更多信息或示例，围绕一个内容点详细说明。

（5）详述型插嘴可以为对方所提出的观点提供"支

持",或者只是提供同类信息。

(6)挑战型插嘴很重要,而且通常是合理的。

(7)如果有些内容有事实错误,可以指出来。

(8)可以指出逻辑错误,比如逻辑关系问题。

(9)可以挑战笼统的概括。

(10)可以在听到某段内容时立即打断讲者,完整地表述观点,也可以示意稍后再就相关内容详细说明自己的看法。

(11)可以打断讲者表达质疑。

(12)如果现场情况表明保持沉默可能被理解为同意讲者所说的内容,但你实际并不同意可能需要打断讲者,表明实际看法。

第 17 章
态度

自我形象和态度通常是相辅相成的。

如果你是一个坚持自己永远正确的"聪明人",你就会争强好胜,热衷于辩论,总要向别人展示自己有多聪明。哪怕不认同一些细枝末节,也要批评挑刺,而不是把注意力集中在你可能同意的要点上。不论谁说什么都要质疑,然后试图用自己掌握的信息来胜人一筹。你很少会提出新的见解,因为新见解并不完善,可能会被挑毛病。你宁愿只去批评别人,因为这会让你听起来很厉害,而且不会被别人批评。只要有人提出想法,你随时都会说"是的,不过……"以表明这个想法终究不够好。你不愿意认同任何人的观点,因为表示同意让你少了高人一等的机会。你的观点可能平平无奇,但也会被你说得如高深的哲学洞见一般。简而言之,你喜欢表现自己的聪明劲儿,也喜欢让别人对你表示钦佩。

万事都得自己正确,把别人踩在脚下,这样的人没有美丽的心灵,这种态度就是要"赢、赢、赢"。

抱有另一种态度的人会暗示只有他才是"真正的人类价值标准"的守护者:"怎么争都无所谓,有什么信息也都没关系。最终决定问题的是真正的人类价值标准。"

如果你是这样的人,你会抓住任何机会表明你的价值标准才是决定性的标准,其他的都是瞎扯。这种人很傲慢。持第一种态度的人自以为自己的逻辑无懈可击,第二种人则认为所有问题都应该由感受、价值标准和直觉来决定。只要你心术正,初衷好,那你的判断和决定就一定是正确的。只有你才能看到问题的核心,争论对你而言只不过是合理化错误立场和试图说服他人的方式而已。正确的价值标准握在你的手中,没什么好争的,甚至没必要听别人的意见。

这是一种自以为是的态度。你无须捍卫自己的立场,因为你就是对的。你是对的,因为你有正确的价值标准。

还有一种装傻的态度。人们不与装傻的人计较,你不必有自己的立场,也没有人会反驳你的看法,随便问古怪的问题也没人会在意。你会迫切想要接受并认同别人的观点。你是完美的倾听者,但可能对讨论没什么贡献。你甚至可能会去找可怜你的人,因为这样的人会站在你的这一边，帮你构建想法，甚至为你提供观点，你都不需要自己思考。

这是一种热切又无助的态度，能有一定的吸引力，也能起到一些作用。

还有一种完全开放的态度。持这种态度的人觉得什么都有道理，永远不会坚持某个立场，因为他们总是非常理解对方的立场。他们接受所有未经辩论的观点，因为一切皆有可能，没有什么是可以确定的，概率大的都少有。他们似乎没有什么明确的价值标准或感受，如果有，也没有主导标准和感受，无法成为任何选择或决定的基础。总的感觉就像是一张地图，上面标了许多路线，但绝不会只有一条特定路线。

这种态度是情理战胜情感的结果。

还有霸凌者的态度。对霸凌者而言，对话只是一种为社会所接受的霸凌方式。这种人会挑战一切，所有信息都可能有误，至少也是有偏差的；这样的人有一张富有表现力的脸，表情不断变化。大多数霸凌行为实际上发生在霸凌者听别人说话的时候。不管听到什么，轻蔑、怀疑甚至蔑视都会在霸凌者脸上显露无遗。但因为霸凌者实际上什么也没说，所以对方也没法对此做出反驳——总不能去反驳别人的表情吧：

"你的表情表明你不赞同我说的话，什么情况？"
"哦，没什么啊。"

霸凌者对对话内容完全不感兴趣，只对他能对别人带来什么影响感兴趣。

霸凌者的态度是对话只是霸凌的另一种方式。

接下来是墙头草态度。墙头草急于迎合讨论中最有权势、最重要或最聪明的人。他们试图通过这种方式"抱大腿"，拉盟友。这种马屁精行为可能明摆着是阿谀奉承，但并不总是显而易见，看起来可能只是一个通情达理的人正在附和另一个通情达理的人。只有当你看到墙头草从一边倒向另一边时，可能才会怀疑他是墙头草。

"你说得太对了。"

墙头草不喜欢回答问题，因为答案可能得不到被巴结的盟友的认可。墙头草可能会转问盟友："这个问题您怎么看？"

这是一种见风使舵的态度。如果对话本就事关权力，为什么不联手最强大的盟友呢？

可能还有创新者态度。创新者厌倦了传统观点，静待时机提出令人耳目一新、富有创造性、不同寻常的想法。这可能是一种新的感知或看待问题的方式，也可能是一个有别常规的解决方案。创新者意识到，即使他的新想法不能被直接接受，也可以启发新思路。创新者并没有费心去理解各方观点。像随时等待机会猛扑捕食的老鹰，创新者同样随时在等待机会提出创意。在任何讨论中，他们都可以推动讨论，但有时可能会过犹不及。如果只是为了与众不同而不断提出新想法，那么对话就会变成流于表面的化装游行。

创新者的态度是只有新想法才有意思，讨论太无聊了。

跟着还有见过世面的态度。这是一种装出来的疲倦和无聊。任何论点都被视为"老生常谈"，新想法不过是"新瓶旧酒"。这样的人对讨论贡献很少，会拖累对话的人们。这种"消极的热情"吸收并扼杀了对话中真正的热情。这样的人发出的信号是其他人都有责任用新想法来取悦他。这种态度是装腔作势的无聊。

≫ 一较高低的态度

这种态度将任何对话都视为两方的博弈,每一方都各持己见。对话的重点是在较量中胜出,对主题的探索或新思想的发展根本不重要。

不论是爱情还是战争,都是各凭实力,博弈态度也是如此。如果自己手中的信息会支持另一方观点,则不会拿出来分享。

这非常接近出庭律师零和博弈的态度,赢家只有一个。如果一方似乎摆出了缓和的态度,那不过是诱敌深入的诡计。

抱有这种态度的人不会手下留情,失败的一方必须明确地接受败果。

≫ "自我力量游戏"的态度

持有这种态度,讨论是展示自我力量的舞台,自我力量要主导讨论或对话。

在"一较高低的态度"下无法获得这种主导地位。相反,为了赢得盟友,你可能会需要附和很多观点。只要能成为主导人物,是否能赢得辩论并不重要。

根据讨论的走向,持这种态度的人可能会调整战略和战术。主导地位与"获胜"是 2 个不同的概念。

在选举中,玩权力游戏的人可能是个"民粹主义者",并获得最多选票。

>>> 学习者态度

持这种态度的人进入讨论时带着明确的学习意图,讨论不是为了证明自己是对的,也不是为了说服别人。

讨论的目的是学习。讨论中可能会出现新的想法、新的见解和启示、新的信息、新的思路。讨论结束后如果学到了新东西,就没有浪费时间。

>>> 探索者态度

这与探险者抵达新海岸时的态度相同。大家面前有一个主题,一群聪明人该如何通过合作来探讨这个主题呢?不同的探险者可能会在岛屿周围的不同地点登陆,参与讨论的人同样会从不同的视角切入主题,能将这些不同的视角融合在一起,得出更全面的看法。

"探索者"不一定会全盘接受对方的观点,可能会挑战别人提供的信息和想法。但在此过程中,"探索者"感兴趣的是获得真理,而不在乎辩论的胜负。"探索者"的意图是获得全局观,所有人都是实现这一目标的盟友。

》》建设性态度

持这种态度的人类似于"探索者",但有一个很大的不同。"探索者"试图验证主题,并将问题清晰地展示出来。持建设性态度的人的目标是"具体做点事情",寻求"设计前进的道路"。这样的人不满足于仅仅"知道"一些事情,还需要"做"点事情。

笛卡尔有一句名言:"我思故我在。"

我要说:"我做故我在。"

仅仅反思是不够的;觉察问题很重要,但也还不够;还需要发挥建设性作用,并设计前进的道路。

>>> 享受过程的态度

体育锻炼对身体有益,能强身健体;同理,对话和讨论是对心灵的锻炼,能愉悦身心。所以持这种态度的人认为谈话或讨论的主要目的是享受过程,也帮助他人乐在其中。有时这还不够,还必须做出严肃的决定。然而,总的来说,对话或讨论本身就是目的,就像去树林里漫步本身可能就是目的一样,散步可以让你身体健康,同样,讨论可以保持心灵的健康。

>>> "想那么多干吗?"的态度

在社交场合与他人在一起的时候,不能只是大眼瞪小眼,社交行为准则要求大家互相交谈。这就像呼吸一样,非常自然。我们不必有意识去思考如何一呼一吸,也应该不必思考该怎么交谈。想到什么都可以聊,都是交流,比如可以聊一聊上周的派对或最新的八卦。重要的是与他人展开互动,说什么并不重要。

这就像说比起具体做什么吃,无论如何都得吃东西更重要。

如果你确实喜欢与他人互动，那么也可以通过享受互动的内容来享受双倍的乐趣。否则大家互相咕咕哝哝也算互动了。我们既然会费心修饰外表，为什么不费心丰富我们的谈话呢？

>>> 小结

（1）态度与自我形象密切相关。

（2）有的人喜欢自作"聪明"，自己必须是正确的，比任何人都聪明。

（3）有的人自视为"价值标准的守护者"，坚持认为只有价值标准才是重要的，而只有他才知道正确的价值标准。

（4）有的人喜欢装傻，借此博取同情和帮助。

（5）有些人太过开放，什么观点都能接受，从不形成自己的看法或得出自己的结论。

（6）霸凌者只是把对话当作霸凌的另一种方式。

（7）墙头草会试图与讨论者中最有权势的人结盟。

（8）创新者只关注在讨论中寻找机会，提出创造性的新想法。

（9）有的人喜欢假装无聊，声称讨论的内容早就听过。

（10）有的人把讨论看作有胜负之分的较量，他们玩的是以获得主导地位为目的的"自我权力游戏"。

（11）有的人抱着学习的态度，总是寻求学习新事物。

（12）不断探索的人在讨论中寻求真理，希望对话题有充分了解。

（13）持建设性态度的人希望能够通过讨论设计前进的道路。

（14）享受当下的人将对话视为娱乐。

（15）有的人抱着"想那么多干吗？"的态度，认为在对话或讨论中说什么根本不重要。

第 18 章
对话的主题

如何开始对话？应该说些什么？

有一般的社交式寒暄：

你家小宝宝怎么样啊？

你在墨西哥的假期愉快吗？

你的大学生活如何啊？

听说你姑姑去世了，节哀顺变。

这类交流具有很强的社交功能，和其他类型的对话一样重要。但打过招呼，交换了最近的情况和八卦之后，又该如何呢？

可以谈论房间里的人，房间本身或窗外的景色。然后呢？

≫ 时事话题

在一个小镇上,可能发生了丑闻,或即将发生一些变化。当地一家工厂可能要倒闭,或者要进行选举,或者有些有趣的八卦,或者有人犯下了严重的罪行。

在较大的城市里,不太可能每个人都能想到同样的话题,因此需要找一些时事话题来聊。

话题的主要来源是广播、电视或报纸报道的新闻。快速浏览当天的报纸就能看到几个可以用于讨论的主题。如果其他人也看过这些新闻,你们马上就可以一起讨论。如果其他人没看过相关报道,那你必须做一定的解释。这种解释是有必要的,因为即使对方不知道,它也是当前的时事。你可以先说:"今天的报纸上报道了这个……"或者"你在电视上看到关于……的报道了吗?"

≫ 持续性话题

选举前夕会一直有一个大家都能聊的持续性话题,奥运会这样的赛事同样如此;或者可能最近一直有火葬场积压了许多遗体未火化的报道,有关艾滋病病毒或克隆的新闻也可能会成为持续性话题。尝试以这种方式打开对话：

您有没有看过有关……的报道？
您如何看待……的进展？
看到……我感到很惊讶。

你可能会发现对方在这个问题上比你知道得更多或更少。如果是更多，你就多问对方问题；如果是更少，你就为对方做点介绍和解释。

一般会认为每个人都知道正在发生的大事，也会有兴趣对其展开讨论，哪怕仅仅是提供素材，以便与他人进一步讨论这一主题。

>>> 您是从事什么工作的？

这是启动对话的经典方式，也很好用。对方告诉你，他是做什么的，你可以问一些能展开来说的问题，然后逐渐扩展到对对方所处的整个领域的探讨。例如：

是不是说……

我一直不明白为什么……

……的时候会怎样?

……中哪些方面最困难?

有些人喜欢谈论他们的工作,而另一些人则觉得非常无聊。不管怎样,对方有可能反问回你,请准备好作答:

我是卖二手车的,您呢?

我是初中老师,您在哪里高就?

我是一名火箭科学家,您呢?

你应该准备好兴致勃勃地谈论你自己的工作领域。应该提前想好,在脑海中列出其他人可能感兴趣的方面:

人们对唱片骑师(Disc Jockey,简称DJ)不了解的一点是……

……的时候就会很麻烦。

干这份工作要一直试图告诉人们他们自认为已经知道的事情,挺不容易的。

照顾病人还不算难，困难的是……

在手术中，你必须确切知道自己在做什么，因为没法从头再来。

接下来的对话不必停留在特定职业的范围内——这可能只是起点。从广告行业开始的对话可能会转向广告想说服人们接受的伦理问题。如果说服真的有效，在道德上和法律上是否应该允许利用说服的方式？

为了避免对话一边倒，话说得少的一方应试图挑出他可以参与讨论的点。

≫ 重启对话

对话说不下去了怎么办？双方都没有太多话要说，或似乎都对主题没什么兴趣。是硬着头皮继续，指望人们会慢慢更有兴致，还是尽快放弃这个主题呢？

一般来说，最好是摆脱令人兴趣索然的主题，寄希望于慢慢激发兴趣不太现实。

如果能从现有的讨论中拉出新的话题，那可能是最好的，因为这样原有话题还不算完全失败。比如你们正在讨论加强机场安全的问题。你提到现在有可以穿透衣服的新型超声波扫描系统,从这又说到瑞典的一个项目研究,该研究表明对孕妇进行多次超声扫描可能对未出生的孩子造成轻微脑损伤。据称这种损伤的一个指标是会让左撇子儿童的比例远高于正常比例。这反过来又引向一个相关讨论,为什么左撇子会和脑损伤有关联?所有左撇子的人都受过脑损伤吗?有几位美国总统都是左撇子……

在其他时候,似乎再往下说就是死胡同了:

这说不下去了,咱们来聊聊河马的求偶习性。
比起新市长,我对讨论克隆猫更感兴趣。

>> 新话题线索

严肃的对话需要保持正轨。总是想把对话带偏的人可能会令人恼火,人们宁愿他们到一边去自娱自乐。

然而,大多数对话都并不严肃,保持兴致比坚持保持正轨更重要。新的话题方向和线索随时可能出现,你想顺着往下聊,还是想打开一个新的方向呢(另见第

13章)?

有时,新的讨论方向会指向你所了解的领域,或你真正感兴趣的领域(即使你对此知之甚少)。有时,新方向本身似乎就很有趣。

▶▶ 引导话题

这是一种故意转移话题的方式。有一个你喜欢谈论的领域,还有一个似乎其他人感兴趣的领域(或者经验表明如此)。你可以刻意将对话引向其中一个方向。

想象一下你们在谈论高离婚率的问题。有人提到,研究表明通常是女性主动提出离婚。研究还表明,女性提出离婚的主要原因是"她们无法再对丈夫施加足够的影响"。如果她的丈夫不按照她说的去做,那就换个新的!对话从这转到了女性在社会中的地位问题。在日本,女性似乎处于幕后,但她们控制着家里的财务,拥有很大的权力。从这又说到了一些母系社会部落——你本来就一直想谈论这个!你引导了对话,让其以母系社会部落的文化为终点。

同样:"我们原本在谈论橙子,橙子能为人体提供维生素C,但橙子只在某些气候条件下生长。其他气候条件下的人们从哪里获得维生素C呢？比如说非洲人是如何获得维生素C的呢？祖鲁人从哪里获得维生素C？说到祖鲁人，你知道吗……"

这样话题又被你绕回到祖鲁人了！

但是，如果知道某个人只想谈论某个主题，那可能会变得无聊。如果每一次讨论都被引回同一个主题，其他人可能就不愿参与了。

有些人非常擅长将对话引向他们喜欢的领域，可以做到不留痕迹，这没有害处。

>> 强烈情绪

某些话题可能会引起愤怒和其他情绪，有时是对所有人而言，有时仅对特定人群而言，甚至有可能这个话题只会在一个人身上引起强烈情绪。换言之，这个主题有很多"红色思考帽"特点。

是应该坚持继续讨论这个话题，还是改变话题呢？

你可能想探查、研究，并试图理解产生强烈情绪的原因。

你可能会认为强烈的情绪会妨碍任何愉快的交流。

你甚至可能喜欢激起这种情绪。

这都是你的选择。你可能会很想了解情绪产生背后的原因。如果你有足够的信心,能做到善解人意,这样做可能会有一定的意义,甚至对对方也有好处。但是,如果你没有信心能做到小心谨慎,最好还是放弃这个话题,聊点别的。为了挑衅而挑衅,这样的人心灵既不美,也不善良。

无聊

如果有人坐下来往后一靠,摆出"逗我开心吧"的态度,那么你可以表示"恕难从命",微笑一下,该干什么就干什么。故意摆出无聊架势的人不应该享有这种特权,你也没有理由同意为这种人所用。

小结

(1)互相问候、交流个人情况和一般的社交性闲聊本身都具有重要价值。寒暄之后,需要继续进行有主题的对话。

(2)社区中可能有大家都知道的当地热门话题。

（3）在较大的社区中，热门话题可以通过看报纸等方式从新闻中获取。

（4）有一些可能每个人都知道的持续性话题。

（5）询问其他人"您是从事什么工作的？"是一个安全的开场白。这个话题不一定主导整个对话，但可以引出其他话题。

（6）如果讨论难以维系，最好换个话题重新开始。

（7）如果讨论没有严肃的目的，可以开放式地漫谈，随时沿着新的方向进入更有趣的话题。

（8）你可以设法"引导"话题，去讨论你真正想讨论的领域。尽量不要经常这样做，以免让人感到厌烦。

（9）当一个话题似乎会引起强烈情绪时，你可以小心谨慎地探究其背后的原因。如果做不到善解人意，干脆转换话题。

（10）如果一个人非要摆出无聊的架势，你没有义务给他解闷，笑一下，该干什么就干什么。

（11）开发人们感兴趣的话题并知道如何谈论这些话题，是美丽心灵的一个标志。

（12）一个真正老练的健谈者可以在任何话题上让大家产生兴趣。

第 19 章
对话俱乐部

对话俱乐部由一群同意定期见面，练习和享受对话艺术的人组成。

对话俱乐部的活动有 2 个重点。一是让你提高技能，说出你的美。二是让你在对话中享受心灵交流的乐趣。

对话俱乐部的成员可以是家庭成员，也可以来自其他家庭，或是邻居、同事、朋友，甚至是因响应图书馆或其他地方的通知而聚在一起的人。成为对话俱乐部成员只需符合 2 个条件，一是会说、会听交流所使用的语言（无须精通），二是要有驱动力。驱动力是关键条件，如果所有成员都驱动力十足，对话俱乐部就会成功。

>>> 人数

理想情况下，一个对话俱乐部应由 6 人组成，不过 1—6 人都是可以的。可一个人如何展开对话呢？一人可以分饰两人，把所说的话录下来，然后回放录音，分析这个对话的过程。

人数可以超过6人，但这意味着许多成员将处于"观众"的位置，主要是观摩过程，而不是参与讨论——如果是这种情况，那么在场人数就没有限制。

一般来说，如果人很多，最好分组展开讨论。

定期活动

定期活动非常重要，最好能在同一地点。为了让对话俱乐部活动能持续下去，规律性和仪式感都很重要。

活动频率由对话俱乐部的成员来决定，可以每周1次，每2周1次，或每月1次。例如，活动可以在每周二或每个月第一个周四晚上的6点到8点举行。2周一次会让人比较容易忘记活动。

每次活动应持续2~3个小时。如果人少，可以缩短活动时间。活动时间太长会令人疲惫，甚至感到无聊。

>>> 组织者

这是一个关键人物,是对话俱乐部的创始人和活动组织者,是一个积极进取、精力充沛、善于组织的人。

如果有人具备这些条件,那么可以一直由这个人担任组织者,无须轮换。每次活动的主持人可以轮换,但组织活动的人则不用。哪怕一次活动没组织好,都可能让对话俱乐部活动难以维系。

在每次活动的讨论过程中,对话俱乐部活动组织者也可以充当主持人。主持人的能力很重要,讨论期间需要维持秩序,否则讨论就可能会七嘴八舌、毫无头绪。主持人有责任引导讨论。如果成员愿意,可以在一场讨论期间轮换担任主持人。但这样做可能有风险,因此并不建议。

>>> 形式

讨论的形式和结构要很紧凑。一般来说,参与者参与对话,观察者观察过程,并加以评论。

成功

对话俱乐部可以取得不同程度的成功:

(1)定期举办和享受对话俱乐部活动,并且能够请到嘉宾。

(2)聆听观察者的评论,并观察对话技巧有何进步。

(3)用特殊的评分系统为想法、证据和价值标准打分。

(4)提交活动结果的对话俱乐部可在互联网上发布简讯。

对话俱乐部活动让思考变成了一种爱好,和各种爱好一样,成员能借其获得成就感。

需要强调的是,对话俱乐部的成功与辩论小组的成功不同,"赢"或"输"是衡量辩论结果的标准。而在对话俱乐部中,每个人都是赢家。如果一群人去游泳,最后他们都学会了,这就是成功,无须通过比赛来展示结果。

>> 交流互访

对话俱乐部之间可以相互保持联系,可以互访,一起展开讨论。每个人都知道规则是什么,都已经积累了按规则讨论的经验。

芭蕾舞有13个基本舞步,艺术家在这个基础上发挥创造力,在这个基础框架内你是自由的。

如果没有对话框架,有些讨论也会很精彩,但在更多情况下会是"一锅粥"。

可以邀请青少年参加讨论,让他们早早开始学习有益的习惯。

>> 活动范围

活动信息单上会列出每次活动期间可能会安排的各项内容。

例如,可以安排一个练习,在参与讨论的人暂停讨论后,让其他人"抓取讨论中提出的概念"。

在下一次活动中,可以要求成员"列出两种视角之间的差异"。

可以通过这种方式来学习和发展本书所提到的技能。

对话不仅是有话要说。

有些人可能想向别人表明自己属于某个对话俱乐部并因此遵守其讨论规则，可以为这些人准备能别在衣服上的小徽章。

第 20 章
总结

美丽的躯体和面容终会老去，而美丽的心灵却会青春永驻，而且还可以变得更加美丽。

没有美丽心灵的美丽躯体和面容可能会很无聊。没有美丽躯体或面容的美丽心灵仍然可以魅力十足。

本书讲的是如何通过培养一个他人和自己都觉得美的心灵，来说出你的美。要说出你的美，就不能只是躲在角落里，自己满脑子出色的想法却不为人所知，而是要行动起来，但不是去解决复杂问题，而是在讨论和对话中探索话题。其他人正是通过这种方式才能领略到你美丽的心灵。

尽管对话是贯穿全书的主题，但在该主题下学到的思维习惯和技巧可以应用于任何需要思考的时候。

这不是一本可以快速浏览以知晓大结局的小说，阅读过程中可以一次又一次地回到不同的章节。如果带一个从未看过网球比赛的人去看网球比赛，看了一会儿之后,那个人可能会"明白"网球比赛是怎么一回事。但明白不等于会打,所以书中提到的习惯需要实践和保持。观察自己和他人的做法,并将所见与书中的内容联系起来,通过这种方式提高技能,说出你的美。

我所写的内容你可能认同,也可能不认同。你可能会根据自己的经验和个性来做一些调整,可能希望强化某些内容,可以用我提出的方法来激发自己的进一步思考,也可以选择忽略我所写的部分或全部内容。选择权始终在你手中。

≫ 享受过程

运动令人愉悦。为什么不能像锻炼身体那样畅快淋漓地运用思维呢?在对话和讨论中运用思维应该是个令人享受的过程,应该是一种娱乐形式。在练习过程中,不但可以享受这个过程,还可以提升思维技巧运用能力,让谈吐更显魅力。在讨论中,你可以同意对方的观点,也可以不同意;可以与众不同,应用不同的价值标准;可以提出问题,学习什么时候可以打断对方,什么时候不可以。重要的是你可以享受这个过程。

想象你正在打网球，同时可以观看自己打网球的视频。这和运用本书概述的技能一样，你可以一边用，一边观察自己应用的情况。

>> 技能

我们在思考和交流时，一般习惯于强调辩论是"输赢的较量"，试图证明别人是错的，这样我们可一点儿也说不出自己的美。战争从来都不美好，寻求主导对话的自我根本不美。

最重要的是要记住，本书提出的所有内容都是思考技能的一部分。不需要具有高智商，不需要受过良好的教育，不需要见多识广，只要下定决心开始努力，任何人都能说出他的美。

德博诺(中国)课程介绍

六顶思考帽®:从辩论是什么,到设计可能成为什么

帮助您所在的团队协同思考,充分提高参与度,改善沟通;最大程度聚集集体的智慧,全面系统地思考,提供工作效率。

水平思考™:如果机会不来敲门,那就创建一扇门

为您及您所在的团队提供一套系统的创造性思考方法,提高问题解决能力和激发创意。突破、创新,使每个人更具有创造力。

感知的力量™:所见即所得

高效思考的10个工具,让您随处可以使用。帮助您判断和分析问题,提高做计划、设计和决定的效率。

简化™:大道至简

教您运用创造性思考工具,在不增加成本的情况下改进、简化事务的操作,缩减成本和提高效率。

创造力™：创造新价值

帮助期待变革的组织或企业在创新层面培养创造力，在执行层面相互尊重，高质高效地执行计划，提升价值。

会议聚焦引导™：与其分析过去，不如设计未来

帮助团队转换思考焦点，清晰定义问题，快速拓展思维，实现智慧叠加，创新与突破，并提供解决问题的具体方案和备选方案。